Fenêtres sur ma vie

Edma & Fouad Khabbaz

© 2018 Fouad Khabbaz (www.atelierdescaprices.com)
Aucune partie de ce livre ne peut être reproduite, enregistré dans un system de stockage ou transmise sous quelque forme que ce soit ou par quelque moyen que se soit, électronique, mécanique, photocopie, ordinateur ou autre sans la permission préalable des auteurs.
ISBN : 978-1-9994416-0-9

Table Des Matières

Autobiographies

Dédicace

Préface

Exode

C'est Assez

État D'âme

Le Mur Phénicien

Quel Est Ton Jeu?

De Passage

Une Maman

Matinal

Solitude

Quand le silence se fait

Le soir à la belle clarté

De la lune pâle, bleutée

Des étoiles dorées, éparpillées

L'âme s'apaise malgré

Les mille soucis de la vie

qu'on tente de chasser.

On vit le moment présent

D'une façon différente absolument

Sans ennuis à tout instant

Libre, libre, comme le vent

Qui tantôt est doux et tantôt fou,

Comme les oiseaux et les papillons

Dans les arbres les grillons.

Ivre de silence et de calme,

Saoul jusqu'au plus profond de l'âme

Solitude tant appréciée

Pour aller loin par la pensée...

Rêver, rêver aux choses trop aimées.

Triste Regard

Les Epis De Blé

Est-il Mort L'amour?

La Mer

Bel Oiseau

Un Soir...Un Oreiller

Au Rythme Du Temps

Imaginaire

Partir C'est Naître

Lieux Magiques

Sort, Sois Hardi

Voyageuse

Adieu Les Beaux Jours

Le Temps

Promenade

Vieillesse

Bonheur

Paysage Automnal

Obsession

Chaos Des Souvenirs

Ma Ville

Plaisir Innocent

Vent

Chagrin Enseveli

A Deux

Matinée

Destin

Trouvaille

La Solitude

Ennemie Nocturne

Chant D'une Cigale

L'autiste

Coupe Amère

Nostalgie

Malchance

Les Cloches Du Dimanche

La Prière

Le Cerf-volant

Été

La Joie

Petite Vie

Partis…Les Amis

Espoir

Mémoire

Souvenir

Déesse De La nuit

Épave

Maison Délaissée

A Guetta

Rêve Détruit

Lilas De Perse

Hérésie

Sous Le Jasmin

Nuit

Soleil

Amour A Quatre Pattes

Moments De Sérénité

Charme D'un Soir

Le Dernier Train

Au Nom De La Démocratie

Appel Vers L'au-Delà

Vivement L'oubli

Rêve

Mon Vélo

Beauté

Reine Des Nuits

Mirage

Visite Nocturne

Ombre D'un Passé

Louange

La Fière Cathédrale

Une Tasse De Café

Oubli

Ma Patrie

Mélancolie

Au Gré Du Vent

Aimer

Humble Présent

Vœu

Souhait

Destinée

Boite A Musique

Prière

Tendre Bouquet

Trente Mars Ou La Haine

L'absente

Coucher De Soleil

Attente

Un Amour D'antan

Pourquoi Mon Dieu

Monde Inconnu

La Fin D'un Eté

Oui

Les Yeux Noirs

Promenade Nocturne

Paradis Perdu

A Ma Mère

A Une Amie

L'Adieu

Sort Défini

L'Image Hardie

Etoile Filante

A Mon Père

Amour Interdit

Batroun

Metamorphose

Bahsa

A Mes Fils

A L'absent

Scout

Pour Maman

A Fouad *Pour Son Anniversaire*

Message

A Fouad,

Pour Ses Vingt Huit Ans

A Mes Petits Cheris

Message Pour L'Au-delà

Sanctuaire

Vers un autre Monde

A Georges

Lâchement Abattu

Paysage Magique

Amour Sincère

Pour Ta fête

jusqu'à La lie

Les Flots

La danse des branches

Comme des feuilles d'automne

Fouad's English Poems

Nightmare

The Moon Goddess

Alone

God's Land

Man Of The Cave

Birthday Wish

When I die

Canada Day

I had a dream

The Old Man

The Journey

Article From Mojeh Magazine

Autobiographies

Edma

L'adolescence source de souffrance fontaine des pleurs m'ont poussée à écrire mes premiers poèmes que je n'ai pas conservés.

Les événements tragiques de mon cher pays le Liban que j'adore m'ont repoussée à l'écriture pour exprimer ma révolte, contre le présent, ma nostalgie pour le beau et inoubliable passé, et mon amour pour ma famille, mes amis, le Liban et Batroun la ville où je suis née, grandi et connu les plus beaux moments.

Je me suis mariée à 18 ans. Partie à la sauvette avec la personne que j'ai adorée, car mes parents trouvaient que c'était tôt pour le mariage et voulaient que je continue mes études. L'amour fut le plus fort et ma vie fut paisible et sereine, couronnée d'un bonheur indescriptible à la naissance de mes 2 enfants. L'aîné est marié et la vie lui a fait don de deux garçons et d'une fille qui font tout pour moi et que j'adore. Le second est divorcé et vit seul au Canada. Il revient au pays de temps en temps…

J'aime beaucoup la lecture, la bicyclette, la marche, la natation. Mon plaisir le plus grand c'est de regarder la mer mon inspiratrice.

Fouad

Je suis né et grandis au bord de la Méditerranée dans la pittoresque ville de Batroun. J'ai immigré au Canada en 2005. Je suis membre fondateur de l'association « Immigrant Writers Association » (association des écrivains immigrants).

Mon père était un amateur de la photographie. Regarder les photos prises par lui était l'un de mes meilleurs passe-temps. Souvent durant les soirées d'été la famille et les amis s'assemblaient pour regarder la projection des photos sur le grand mur du jardin. Mon père et ma mère avaient une histoire pour chaque photo. L'atmosphère était comme si nous étions entrain de regarder un film d'une histoire vraie où les acteurs sont des les personnes que nous connaissions. Même que les photos étaient celles des événements heureux, je voyais parfois les larmes aux yeux de quelques personnes, surtout quand une photo d'un parent ou ami ailleurs ou décédé apparaît. Vers l'âge de 13 ans mon père m'a appris comment prendre des photos. A l'âge de 16 ans j'ai eu la permission d'utiliser sa camera. Les premières photos que j'ai prises étaient celles des fleurs de notre jardin. J'ai dû attendre une semaine pour pouvoir voir le résultat de ma première expérience avec l'appareil photographique, durant cette période la photo numérique n'existait pas et il fallait développer les films et imprimer les photos. Le Canada et mon amour pour la nature étaient deux facteurs qui m'ont aussi poussé à pratiquer l'art de la photographie. Je passe souvent mes weekends à me promener à pieds ou à vélo avec mon appareil photo cherchant un paysage, une personne, un animal, une fleur ou un objet pour photographier.

Pendant les 10 dernières années j'ai été accablé par les évènements de la vie. Ceci m'a incité à la poésie. J'ai écrit des poèmes en Anglais et en Arabe (Libanais) que je n'ai pas encore publiée.

Dédicace

Ce livre est dédié à :

- Ma mère : Edma

- Mes anges gardiens : Mon père Geroges - Ma tante Hind - Ma grand-mère Fadwa.

- Mon frère Habib et ma belle-sœur Gilberte

- Ma nièce et neveux : Georges Huguette et Stephan

- Mes oncles et leurs familles : Alexandre- Sami - Stephan

- Mes tantes et leurs familles : Marleine - Solange - Zeina

- Mes cousines et leurs familles : Cynthia- Danielle- Joelle- Lili- Samantha- Sandra

- Mes cousins et leurs familles : Anwar - Carl - Elias - Georges - Jihad - Marque- Stephan

- Mon parrain Iskandar Aoun et sa famille

- Mes amis et leurs familles : Aimée Thome. Ali Younes. Carole Khoury- Dani Tedmori- Distance Lama- Edmond Bouclaous- Elie Abdo- Fares Aoun- Fares Jammal- Georges Khoury- Georgette & Youssef Bassil- Gergi Rustom- Gilbert Rustom- Luc Balbont- Marwan Ouwaygen- Omar Rouhana - Patrcia Khadra- Pierre Daghfal - Reza Rad

- Mon chien : Snow

- Mes deux villes : Batroun et Toronto

Préface

Un hymne à la vie, une lecture revigorante

Un livre de vie, une ode au bonheur, un appel à l'amour, une symphonie de petits instants qui magnifient, et font aimer le quotidien, malgré ses difficultés et ses embûches : les départs, les trahisons, les rêves avortés et les êtres adorés à jamais disparus.

Edma Khabbaz par ses mots, et Fouad, son fils, par ses images nous donnent un livre d'espoir. « Fenêtres sur ma vie » est d'abord un hymne revigorant, des poèmes courts mais marquants, qu'il faut lire, relire et méditer, pour comprendre que dans ce monde souvent barbare, nous passons à côté de petits gestes et de petites actions magnifiques, sans nous en rendre compte. Des moments de bonheur simples mais intenses, qui changeraient pourtant tant de choses à nos destins d'hommes. « Fenêtres sur ma vie » ouvre les yeux et les consciences.

Edma Khabbaz sait dans un style simple nous dires « toutes ces petites joies du quotidien qui font oublier les chagrins », et si sa mémoire l'a souvent fait souffrir, Edma préfère la comparer à un « bateau plein de bons souvenirs. » Quand l'un de ses enfants quitte le Liban pour émigrer dans un pays lointain, elle cache son chagrin par cette injonction « Oublie ! Cherche une nouvelle direction…partir c'est naître pour aller loin, s'envoler », affronter vaillamment « le temps des soucis » afin de se construire autrement.

Les photos de Fouad Khabbaz qui illustrent ces textes, accentuent davantage encore cette valeur incontestable de la vie humaine. Ce mur phénicien de Batroun, construit par des hommes il y a plus de 3000 ans, pour protéger la ville des marées et des invasions, montre que l'homme n'est pas seulement qu'un démon destructeur. Et si les lois de la nature sont souvent cruelles, Fouad a choisi de nous faire voir que ses beautés. Dans ces photos, pas de renard qui dévore le lapin, pas de prairies ravagées par la sécheresse, mais des images de sérénité : un pinson bien vivant au sommet d'un roseau solide, un coucher de soleil sur une mer transparente. Un cours d'eau rapide et limpide serpentant à travers une forêt.

Dans mon appartement parisien, dans mes déplacements à l'étranger, ou dans ma maison de Boqsmaya, au nord Liban, je me vois rouvrir souvent l'ouvrage d'Edma et Fouad, afin d'en retrouver un passage aimé, pour ressentir à nouveau l'énergie d'avancer, quand le découragement me gagne…Ce poème notamment, « La Prière » qui me parle si fort, et que je cite de mémoire

La prière c'est le regard qui couve un orphelin
C'est la chanson qu'avec plaisir on écoute
Des rêves qu'on fait et qu'on refait
Des noms posés sur ses pensées

Se recueillir librement avec sa foi propre, sans église, sans prêtre, sans mots maintes fois ressassés, tellement usés qu'ils ont perdu leur sens. Mais prier dans une nature fraternelle, où l'homme n'est pas un être infernal et monstrueux, mais un sauveur, qui communient avec la création qui l'entoure, en rêvant de se bâtir une existence différente.

Luc Balbont
Reporter – Prix littéraire de l'œuvre-d'Orient en 2012 -
https://blog.balbont.oeuvre-orient.fr/

Exode

Adieu soleil, adieu ciel bleu
Il a suffi d'un tout petit peu
Pour disperser toutes les joies
Entassées au fond de mon âme
Durant des jours, des semaines des mois.

Le vert se transforme en or
Les feuilles tombent, triste sort
Le paysage devient squelettique
Elles ont disparu les ramures magnifiques
Partis les couchers de soleil féeriques.

Les oiseaux cherchent un abri
Pour y loger leurs petits
Les migrateurs en bande s'enfuient
Vers les pays chauds y installer des nids
Regrettant la belle saison, craignant la pluie
Est-ce l'exode de la joie ? Eh bien oui.

C'est Assez

Tourbillonne, tourbillonne, ô vent d'automne
Emporte mes chagrins comme ces feuilles jaunes
Dépose les bien loin de toute personne
Enfouis les au fin fond d'un océan
Afin qu'ils ne puissent revenir en conquérants
Faites qu'ils soient bannis à tout jamais
Car mon cœur ne peut plus, il en a assez.

État D'âme

Fermer les yeux aux souvenirs
C'est rendre le cœur terre aride
Transformer l'âme en source tarie
Sombrer au fin fond de la nuit.

Marcher à tâtons sans aucun but
Ne rien voir, faire la culbute
Se bander les yeux, fermer le cœur
Adieu beaux jours, adieu bonheur.

J'ai passé mes années à regarder partir
Ceux que j'aimais et aime encore
Ils sont partis comme ces feuilles jaunies
Jonchée un sol qui m'est interdit.

Revenez que je vous embrasse
Je suis fragile, je suis lasse
J'ai besoin de votre présence
Seule remède à mon impatience.

Le Mur Phénicien

Aux confins de la ville
Depuis des millénaires
Je me fais volontaire
Pour défendre une ville
Par le créateur choisie
Comme coin de paradis.
Je suis le mur phénicien
Fierté des Batrouniens.
Je résiste aux tempêtes, aux vents
Je suis présent depuis des ans
Ange gardien toujours présent
Rassurez-vous, je suis toujours aux aguets
Pour défendre présent et passé
C'est moi le coffre où sont déposés
Tous les secrets d'un bon passé.
Phéniciens je vous suis fidèle
Je protégerai toujours votre terre
Vous qui fîtes la conquête du monde
Dont l'oiseau a su renaître des cendres.

Quel Est Ton Jeu?

Au fond de mon âme
Se joue un drame
A qui la faute ?
A toi ? A moi ?
Je ne sais pas.

Au fond de mon cœur
Une ombre de bonheur
Me fait honneur
Sèche mes pleurs
Disperse ma peur.

Quel est ton jeu ?
Allumer un feu
Trop longtemps oublié
Cigarette qui se consume
Dans un petit cendrier.

La cendre s'éparpille
Par un souffle magique
Je redeviens petite fille
Dans un monde maléfique.

De Passage

De passage dans ce monde
On compte heures et secondes
Dans l'attente d'un bonheur
Qui se moque de nos pleurs.

Un cœur battant, une âme en peine
Rôdent parmi monts et plaines
A la recherche d'une vérité
Qui depuis longtemps a déserté.

Confiance brisée par le mensonge
Rêve sur lequel a passé l'éponge
Que ne donnerai-je pour découvrir
La source des choses qui me font souffrir.

Les petites joies du quotidien
Transforment mon mal en bien
Me font oublier tous les chagrins
Refleurissent mon secret jardin.

La hauteur des cimes parfois je l'atteins
Pour admirer une terre qui m'appartient
Rêveuse je hume ses odeurs
Et régale mes yeux de ses couleurs.

Une Maman

C'est un cœur aussi profond que les océans
Du bon Dieu la plus belle invention
C'est une bougie allumée qui fond
Pour le confort de ses enfants.

C'est le puits profond où l'on dépose ses secrets
C'est le coffre-fort où l'on cache ses peines
Les yeux larmoyants qui regardent avec peine
Le futur et pénible départ de sa nichée.

C'est la perle rare, le diamant brillant
Le sacrifice qui n'a pas de limite
L'amour féroce qui défend ses enfants
Qu'il faut que chaque être imite.

Matinal

Dès le petit matin tu me réveilles
On dirait qu'à ma fenêtre tu veilles
Ne sais-tu pas sue j'ai sommeil
Que j'ai besoin d'un rêve sans pareil ?

Tu veux que j'admire L'Aurore
Le ciel bleu que le soleil dore
La rosée du matin, le réveil de la nature
Le noir de la nuit qui en clarté vire ?

Est-ce pour une matinée sans pareil
Que tu me tires de mon sommeil
Ou pour que j'admire l'essor
De tes oisillons faibles encore ?

Ton chant c'est un beau concert
Une mélodie qu'aucun musicien ne sait faire
Demain tu reviendras j'espère
Renouveler ce bonheur aux mille mystères.

Solitude

Quand le silence se fait
Le soir à la belle clarté
De la lune pâle, bleutée
Des étoiles dorées, éparpillées
L'âme s'apaise malgré
Les mille soucis de la vie
qu'on tente de chasser.
On vit le moment présent
D'une façon différente absolument
Sans ennuis à tout instant
Libre, libre, comme le vent
Qui tantôt est doux et tantôt fou,
Comme les oiseaux et les papillons
Dans les arbres les grillons.
Ivre de silence et de calme,
Saoul jusqu'au plus profond de l'âme
Solitude tant appréciée
Pour aller loin par la pensée...
Rêver, rêver aux choses trop aimées.

Triste Regard

Un triste regard s'évade
Scrute le lointain horizon
Qu'y trouve-t-il une illusion ?
Fantôme, spectre, perdu il y a longtemps ?

Plus il fixe, plus s'éloigne l'horizon
Les vagues s'approchent et la chanson du vent
Qui parle de souffrance et de séparation
Deux âmes inséparables toujours en fusion.

Regard du cœur et de l'esprit
Ballade-toi ailleurs. Oublie.
Cherche une nouvelle destination
Où foisonnent les joies à profusion.

Les Epis De Blé

Les épis de blé
Tout blonds, tout dorés
Dressent la tête
Le cœur en fête
C'est la saison d'été.

Les épis de blé
Par le vent caressés
Frémissent tout entiers
Ils sont très gais.

A chaque fin d'été
Les épis de blé
Seront tous moissonnés
Au moulin transportés
Sans aucun regret.

Ainsi il en est
De ces épis de blé
Dont le sort ressemble
A toute triste destinée.

Est-il Mort L'amour?

Mélancolie douce et cruelle
Jour et nuit tu veilles
Tout près de mon oreille
Me chuchotant toujours
Qu'il est bien mort l'amour.

Dieu qui a créé les merveilles
Les fleurs, les oiseaux, les abeilles
Toutes douces et belles choses
Qui naissent et se métamorphosent
Ne permettra jamais de bannir
Ce que aimer veut dire.

La brise caressant les feuilles
Un doux regard qu'on accueille
Tel un ami traversant le seuil
Sont la vraie preuve toujours
Qu'il ne meurt jamais l'amour.

La Mer

Mer que j'aime entendre le chant
Du va-et-vient de tes flots
Prélasser sur ton sable doré
Y rester a jamais ancrée.

Mer tu es mon autre ego
Calme parfois, furieuse tantôt
Tu aimes fuir vivement au galop
Et revenir sereine sans aucun fardeau.

Sur ton eau le soleil se reflète
Comme les souvenirs dans ma tête.
Inspiratrice des peintres et des poètes
Eternel paysage d'une vraie fête.

Le vent chatouille ton eau
Elle s'agite et enfante des flots
Qui bercent barques baigneurs et paquebots
Caressent des rivages au sable chaud.

Bel Oiseau

Bel oiseau dans mon jardin
Tu ressembles à mon chagrin
Tantôt sage, tantôt fou
Tu t'envoles, mais pour aller où ?

Reste, j'ai besoin de ta présence
Pour combler une chère absence
Chante ! chante ! Ne t'évade pas
Réjouis un cœur déjà trop las.

Bel oiseau pose sur une branche
Gai comme les cloches du dimanche
Ton chant rappelle aux gens de la terre
Combien est beau l'univers.

Un Soir...Un Oreiller

Le soir comme dans un miroir
Je revois une lueur d'espoir
Une pâleur de timide lune
Traverser la douce brume
Une image magnifique
Ombre sage et pacifique
Tomber légèrement sur mon oreiller
Coffret où sont déposés mes secrets
Jardin fleuri de ma mémoire
Que de douces et belles histoires
Tu es le seul à connaître,
A faire revivre au fond de mon être,
Confident qui sait toujours se taire
Unique muet sur cette terre
A toi je fais toujours confiance
Fidèle ami...douce présence
Fait de plumes et de duvets
Choisis comme les lettres de l'alphabet.

Au Rythme Du Temps

La barque de mon âge
Quitte le beau rivage
Chargée de bons souvenirs
D'amour et de plaisirs.

Elle s'en va sereinement
Au rythme du temps
Vers une nouvelle destination
Vers un autre horizon.

C'est une fin de prière
Qui s'envole loin de la terre
Dans un lieu où les misères
N'ont ni feux, ni lumières.

Poussée par la main du sort
Qui de tout est le plus fort
Larguer au loin les amarres
Vers une aventure bizarre.

Imaginaire

Une figure d'airain
Se montre soir et matin
Tôt, très tôt à l'aurore
Avec les fleurs qui vont éclore.

Une figure au crépuscule
S'approche à petits pas
Revenant de l'au-delà
Je hoche la tête incrédule
Revient-elle raviver mes blessures ?

Toi qui apparais souvent
Dans le noir, avec le vent
Loin, très loin à l'horizon
Tu me fais perdre la raison.

Je tends les mains pour te retenir
Hélas ! Je te vois revenir
Avec une écume de souvenirs
Vers un néant abstrait
Auquel est interdit l'accès.

Partir C'est Naître

Ce jour que je craignais
Est finalement arrivé
T'avoir accompagnée toutes ces années
Est la source de ma de fierté.

Tu vas me quitter bientôt
Comme ces tout petits oiseaux
Laissent un nid bien douillet
Pour aller loin, s'envoler
De leurs propres et tendres ailes
Vers une vie inconnue et nouvelle.

Partir c'est naître vraiment
C'est réaliser des rêves d'antan.
Je te demande mon enfant
De te rappeler assez souvent
Que j'ai essayé d'être une vraie maman.

Pardonne si je t'ai fait de la peine
Si j'ai été des fois vilaine
Je t'aime, ô si tu savais combien
Il est énorme mon chagrin,
De te voir partir ainsi
Quel sens aura donc ma vie ?

Lieux Magiques

Dans ces petites ruelles
Flottent sans ailes
Des beaux sentiments
A l'odeur du printemps.

Dans ces lieux magiques
Que de souvenirs nostalgiques.
Dans ces coins magnifiques
Souffle un esprit féérique.

On s'y ballade calmement
Retournant dans le temps
A ces beaux jours de la jeunesse
Pleins de bonheur et d'ivresse.

Serpentant parmi les maisons
Qu'inspirez vous aux gens ?
En eux vous créez des émotions
Vous rallumez un feu éteint il y a longtemps.

Sort, Sois Hardi

Sort tu serres très fort
Relâche, tu vas causer ma mort
Change ta déplaisante attitude
Je ne manquerai pas de gratitude
Laisse-moi respirer les senteurs
De la mer, des forêts des fleurs
Ce sont les choses qui font mon bonheur
Les beaux contrastes de ma douleur
Tu m'as volé plein de belles choses
Que j'aimais fort autant que les roses
Fais un bon geste, sois hardi et ose
Me laisser goûter le calme du soir
Dormir tranquille avec le bel espoir
De faire des beaux rêves, me réveiller avec la trêve
A tout ce qui me gêne, me fait de la peine
Laisse-moi me balader dans la plaine
Regarder avec plaisir ce qui m'entoure
Lutter contre la peine avec bravoure.

Voyageuse

Je suis les nuages qui vont bien loin
Je cours après les vagues dans tous les recoins
Sur les ailes de la nuit je voyage
Sa beauté et son silence je partage.
Voyageuse ayant pour bagages
Un cœur, une âme et le reste de l'âge
Je vise les étoiles qui me font des clins d'œil
Je m'accroche au vent pour dépasser le seuil.
Comme les saisons j'aimerai disparaitre puis revenir
A ces beaux lieux qui m'ont vu bien grandir
Témoins du temps qui m'a fait souffrir et rire
Je partirai puisque partir c'est naître
Je reviendrai une autre personne, un nouvel être
Prête à affronter le temps des soucis
A braver l'ombre et le noir de la nuit.

Adieu Les Beaux Jours

Septembre est presque fini
La plage peu à peu se vide
Les grosses vagues se d'évident
Comme une pelote laissée sur la rive.

L'ancre est solidement posée
Les barques finalement reposées
Au soleil quelques corps exposés
Savourant la fin du bel été.

La fin de l'été ! Adieu doux plaisirs
Heureusement qu'il reste les souvenirs
Baume à nos tristes jours d'hiver
A l'absence du beau vert.

Les calmes jours ont fui comme l'éclair
Emportant les belles senteurs de l'air
Les nuages s'installent languissants
Semblant dire un adieu gémissant.

Le Temps

Le temps qui passe vite
N'a pas de mérite
Il efface notre jeunesse
Nous rapproche de la vieillesse.
Le temps grand facteur de l'oubli
Des fois nos jours il embellit
D'autres il nous rend asservis
Aux difficultés et peines de la vie.
Temps arrête ton cours
Laisse du temps à l'amour
Barre toutes les souffrances
Ramène les joies de l'enfance.
Oublie de vivre, meurs aimable
Quoique pour toi ce n'est pas souhaitable
On te couvrira par les roses tôt écloses
On dira : il est mort pour une bonne cause.

Promenade

Le cœur bat la chamade
Au cours de cette promenade
Le ruisseau paisible chantonne
Son vieux refrain monotone.

Les arbres touffus s'enlacent
Laissant une bonne place
Aux oiseaux à peine sortis
De leur tendre et douillet nid.

Qu'il fait bon dormir ici
Y passer toute une nuit
Le regard par les étoiles ébloui
Le cœur chantant la belle vie.

Vieillesse

C'est avoir vécu tous les âges
Vu et revu bons et mauvais présages
Ressenti toutes sortes d'amour
Attendre serein de la vie le détour.
C'est l'hiver de l'âge
Les idées devenues sages
Le déclin de nos jours
Qui passent sans retour.
C'est un océan de souvenirs
Qui nous font pleurer et sourire
C'est l'adieu à ceux qu'on a chéri
Avec la voix fluette et affaiblie.
C'est le regret des jours aux grandes ailes
Où l'âme volait comme un ange au ciel
Où le cœur insouciant et rebelle
N'entendait ni Dieu, ni son appel.

Bonheur

Le bonheur c'est quoi
C'est toi et moi
C'est l'amour fou
Qui se moque de tout.

Le bonheur c'est qui ?
C'est l'enfant qui sourit
Une étoile qui luit, la lune qui épie
A travers les nuages, une ombre qui fuit.

C'est la main qui aime caresser
La bouche qui raconte un conte de fée
Le pas feutré de la maman
Dans la chambre de l'enfant.

C'est un suave lointain qui revient
Aux ailes ouvertes comme deux mains
S'abattant sur nos âmes en les enchantant
Redonnant à nos cœurs le charme d'antan.

C'est le rire qui accompagne nos accents
Un parfum de fleur, une odeur d'encens
Une prière adressée à un absent
Un calme retrouvé comme un présent.

Paysage Automnal

Chute des feuilles jaunies
Comme la récolte de nos vies
Par le temps maudit, pire ennemi
Clément hier, cruel aujourd'hui.

Feuilles rouges, or, orange
Couvrent le sol, tapis sans frange
Dispersées par le vent ici et ailleurs
Parcelles d'or ou signe de malheur ?

Le temps devient rude
La nature se dénude
Le vent éparpille les nuages
Mauvais présage d'un proche orage.

Triste sort perpétuellement renouvelable
Leçon pour l'homme peu agréable
Rappelant toujours la fin des choses
Eh oui, l'homme propose et Dieu dispose.

Obsession

Mirage, leurre, illusion
Vous êtes toujours mon obsession
Je scrute souvent l'horizon
A la recherche d'une apparition.

Peut-être d'une ombre qui revient
Pour me tenir fort la main
M'emmener vers un lointain
Vivre sans peine, sans chagrin.

Un goéland passe, ange dans l'espace
Capte mon regard en leurre
Me dit : ôte le voile, cherche le bonheur
Alors l'illusion, ma belle illusion s'efface.

Chaos Des Souvenirs

Je suis triste à mourir
Qui peut donc me guérir
Je suis triste, souvent je pleure
Qu'as-tu donc, ô mon cœur ?

Seul tu combats le sort
As-tu raison ? as-tu tort ?
De vous deux qui sera le plus fort
Trouveras-tu jamais le confort ?

Cœur orageux jamais calmé
La vie obscure t'a-t-elle charmé ?
Vole, vogue, cherche le bonheur
Ailleurs, là où il n'y a pas de pleurs.

Ton mal vient du chaos des souvenirs
Laisse l'amour régner et s'établir
Te rendre serein, te rendre ivre
Comme l'oiseau chantant et libre.

Ma Ville

Batroun ma ville, ma vie
A ton image Dieu a créé le paradis
Amour sublime que nul n'oublie
De l'Éden tu es la plus grande partie.

Ville des citronniers, de la mer bleue
Où il fait bon vivre, où l'on est heureux
Âme des pêcheurs, cœur des marins
Ta mer pour eux est une mine de biens.

Amour de ma ville, amour fatal
Comme la vie ici est conviviale
Dans tes ruelles on se perd d'ivresse
On étreint le vent, les fleurs avec tendresse.

Plaisir Innocent

Ils sont deux assis sur la plage
Main dans la main tendre image
Se prêtent des serments, se donnent des gages
Loin de ceux qui, à leur amour, font dommage.

Tous deux regardent ensemble la même direction
La mer bleue, les mouettes et l'horizon
Écoutent le bruit des vagues, enchantant
Ô ! Que les simple choses font plaisir aux amants.

Les nuages qui passent comme leur tourment
Accélèrent de leur cœur les battements
Les caresses qu'ils se donnent tendrement
Sont un bonheur immense, un plaisir innocent.

Vent

Le vent souffle comme une caresse
Pleine d'amour et de tendresse
Berce les branches doucement
Comme berce la main d'une maman
Le berceau de son tout petit enfant.
Vent frais vent du large
Tu effaces une image
Tracée sur le sable d'une plage
Signe d'amour, d'une idole un gage
De deux amoureux refusant de tourner une page.
Le château de cartes construit par un enfant
Prouvant à ses parents son talent
Tu démolis sans aucune pitié
Emportant son rêve, sa capacité
N'est-ce pas trop de méchanceté ?
Vent qui pousse les nuages
Vers un très long voyage
Enfant de tous les orages
Ralentis un peu ton courage
Ne sois pas trop fier de ton ouvrage.

Chagrin Enseveli

Sur la plage où mes yeux
Captivés par trop de bleu
Suivent le va-et-vient
Des flots emportant mon chagrin
Vers un ailleurs infini
Où il sera enseveli.
Je serai alors alerte
Alouette annonçant la saison verte
Âme libre et sereine
Qui ne connaît plus de peine.
Ô mer amour de ma vie
Que j'aime flâner la nuit
Sur le quai du port des pêcheurs
Où je trouve mon bonheur.

A Deux

Une place à deux
Devant le grand bleu
Un verre de bon vin
Qu'on appelle sang divin,
Meilleur remède contre le chagrin.

Se promener main dans la main
Sans peur d'un lendemain
Cruel qui parfois détruit
Des cœurs qui s'aiment pour la vie.
Ivres de passion, de tendresse éperdus.

Se perdre en suivant un inconnu sentier
En écoutant la musique des feuilles bercées
Par la brise discrète et attendrie
Belle chanson d'amour, sans mélancolie
Symphonie joyeuse, plaisante à l'ouïe.

Matinée

L'été mon coin préféré
Sous la ramure du cèdre bleu
Je lui raconte mes secrets
Car il est le plus discret.

Il étend ses branches bleutées
Comme les bras du Crucifié
Ailes d'amour dépliées
Pour bien protéger.

Là on passe de belles heures
Le matin de bonne heure
A écouter le gazouillis
Des oiseaux quittant leur nid.

Leur chanson, belle résonance
Passe comme un souffle d'espérance
Dans ce jardin de fragrance
Quelle douce présence.

Gai, comme on est gai
En cette saison d'été
Tout chante et fredonne
Change la vie monotone.

Destin

Mystérieux destin, tu tisses les fils de nos vies
Avec des fils d'or et des fils pourris
Tu es parfois aimant et clément
Mais que de fois bourreau d'enfants.

Un jour tu es le gris de la pluie
Le lendemain le beau soleil qui luit
Tu joues méchamment avec nos vies
Comme un enfant qui s'amuse avec ses billes.

Coffre à secrets, nuit de l'inconnu
Aube où naît la joie, soir de l'ennui
Maître des jeux du hasard
Bonheur qui vient et repart.

Trouvaille

En me promenant sur la plage
J'ai trouvé un joli coquillage
Je l'ai mis à mon oreille
Il m'a raconté des merveilles.
L'histoire d'un jeune matelot
Parti se distraire sur l'eau,
Celle du soleil couchant,
Des jours qui fuient, de nos ans.
D'une barque toujours luttant
Contre un fort courant
Qui la ramène souvent
Vers un port accueillant.
D'une lointaine île déserte
Dont personne ne visite certes
Du monde des océans
Et de la chanson du vent.
L'histoire d'un prince charmant
Qui vient à chaque couchant
Écouter durant la nuit sereine
Le chant d'une jolie sirène.

La Solitude

Quand la nuit étend sa vaste toile
Tu m'apprends à compter les étoiles
A voyager avec nos souvenirs
Mélange de joie, de peine et de sourires.

Solitude à la touche amère
Au cœur dur comme une pierre
Temps de pleurs, temps de prière,
Épines de rose, bouquet de prière.

Parfois source de grande peur
D'autres fontaine de pleurs
Tu fais mal aux tristes cœurs
Fatigués en quête de bonheur.

Ennemie Nocturne

Le soir dans mon lit,
L'impitoyable insomnie,
Chuchote à mon oreille
Il t'est interdit le sommeil.

Barrière solide à mon repos
M'adresser à toi par quels mots ?
Change tes lois meurtrières
Je ne veux pas être ta prisonnière.

Du repos j'en ai besoin,
Je suis meurtrie par le chagrin
Je voudrais m'évader dans mes rêves
A mes larmes mettre une trêve.

Détourne-toi, prends un autre chemin
Laisse-moi me réveiller le matin
Bercée par une nocturne ivresse
De mes rêves pleins de tendresse.

Chant D'une Cigale

J'entends la cigale chanter
Au beau milieu d'un champ de blé
Elle fête le bel été
Toute seule sans invités.

Cigale heureuse et solitaire
Est-ce un hymne au vent
Que tu chantonnes souvent
Ou bien une prière à un compagnon cher ?

Va-t-il de loin revenir
Pour ne plus te faire souffrir
Enchanté par ta musique
A l'air gai et nostalgique ?

Cigale, ah si je pouvais
Comme toi les saisons fêter
Je choisirais bien le printemps
Aux paysages gais et en chantants.

L'autiste

Seul je me sens bien
Je n'ai besoin de rien
Laissez-moi vivre en paix
Loin de tout ce qui vous plait.

Mon monde à moi est différent
Comprenez-moi mes chers parents
La solitude est mon amie
Il en est ainsi de ma vie.

Vous aimeriez changer mon sort,
Sachez que vous avez tort
Soyez cléments à mes alarmes
Ne versez plus de larmes.

Inutile et vain d'essayer
Mes tristes jours égayer
Je suis le maudit figuier
J'aurai aimé être l'olivier.

Petit tu es notre trésor
Ne brise pas nos cœurs morts
Qu'importe figuier ou olivier
Tu restes notre bien -aimé
Notre bien le plus précieux.

Coupe Amère

Mes souffrances sont une prière
Adressée au Dieu du ciel et de la terre
Ma soif du bonheur rien ne la désaltère
La coupe que je bois est trop amère.

Mon vin a tourné en vinaigre
Le goût sur mes lèvres est trop aigre
Trinquer à la joie, quelle chimère
Mes nuits sont sans lune, sans lumière.

Le sort m'a pris joies et charmes
Partout les traces de mes larmes
Je suis l'ombre qui passe et repasse
Ne sachant pas trouver de place.

Mes souvenirs ; dents meurtrières
Faut-il vous adresser une prière
Pour me laisser vivre en paix
Le reste de mes brèves années ?

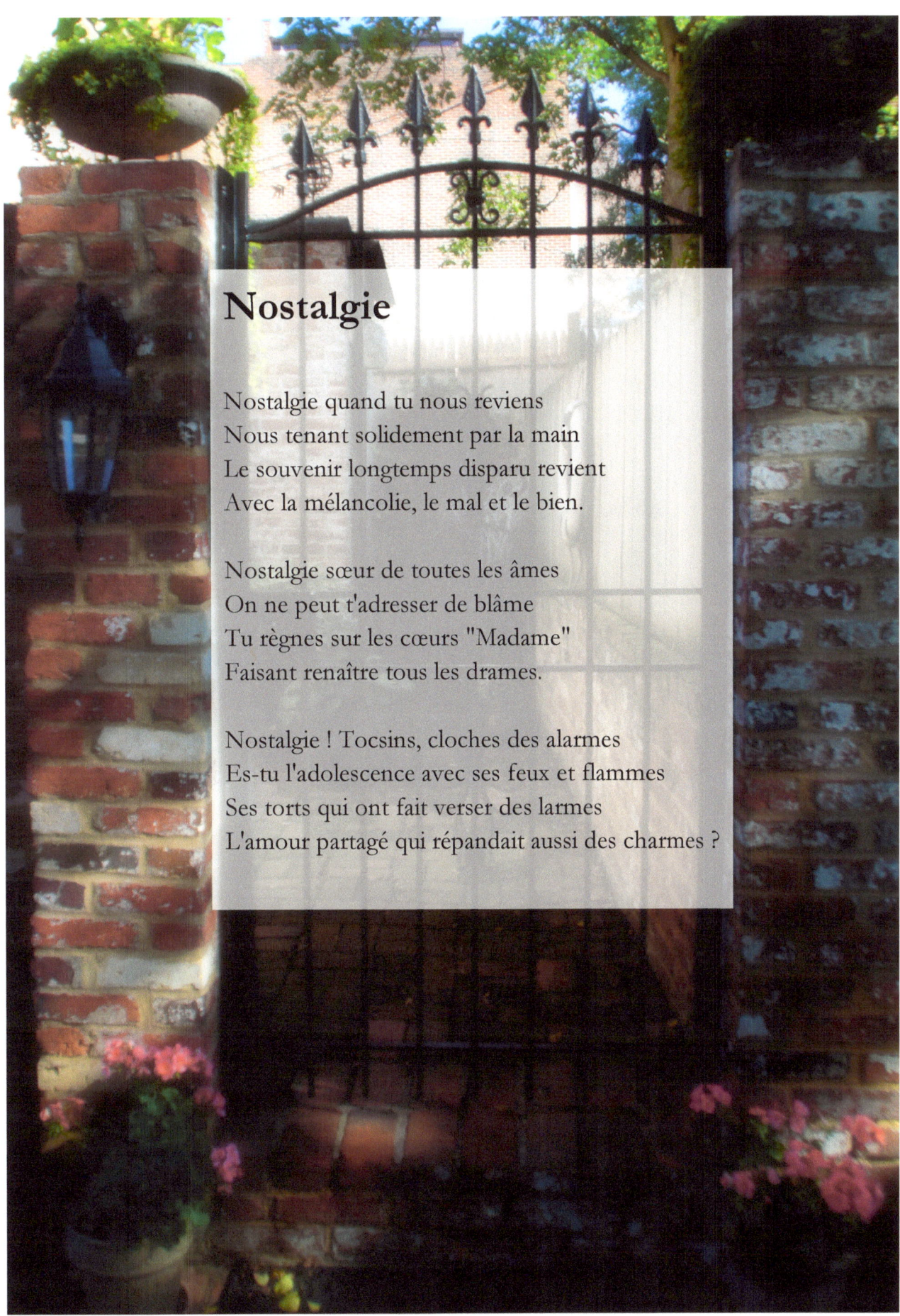

Nostalgie

Nostalgie quand tu nous reviens
Nous tenant solidement par la main
Le souvenir longtemps disparu revient
Avec la mélancolie, le mal et le bien.

Nostalgie sœur de toutes les âmes
On ne peut t'adresser de blâme
Tu règnes sur les cœurs "Madame"
Faisant renaître tous les drames.

Nostalgie ! Tocsins, cloches des alarmes
Es-tu l'adolescence avec ses feux et flammes
Ses torts qui ont fait verser des larmes
L'amour partagé qui répandait aussi des charmes ?

Malchance

Malchance, maudite tu me poursuis
A la vitesse d'un coureur qui fuit
L'ombre d'un redoutable ennemi
Arrête, je suis fatiguée, je te supplie.

Depuis pas mal d'années
Tu n'as pas cessé de me malmener
Dis-moi, quel mal ai-je donc fait ?
Ce n'est pas une façon de me récompenser.

Je t'ai toujours vue en mauvaise fée
Qui torture et persécute ses prisonniers
Un jour je finirai par casser les barreaux
M'envoler, m'évader vers ce qui est beau.

Les Cloches Du Dimanche

Les cloches sonnent le dimanche
Tel une volée d'oiseaux quittant les branches
Des cris de joie un jour de vacances
Un bouquet de chansons le jour d'une noce.

Belle musique invitant les fidèles
A un festin, un banquet spirituel
Invitation gratuite mais réelle
Au miel délectable meilleur que celui d'une abeille.

Cloches qui sonnez fort
Appelant au bon port
Les faibles, les moins forts
Donnez-leur de la foi l'essor.

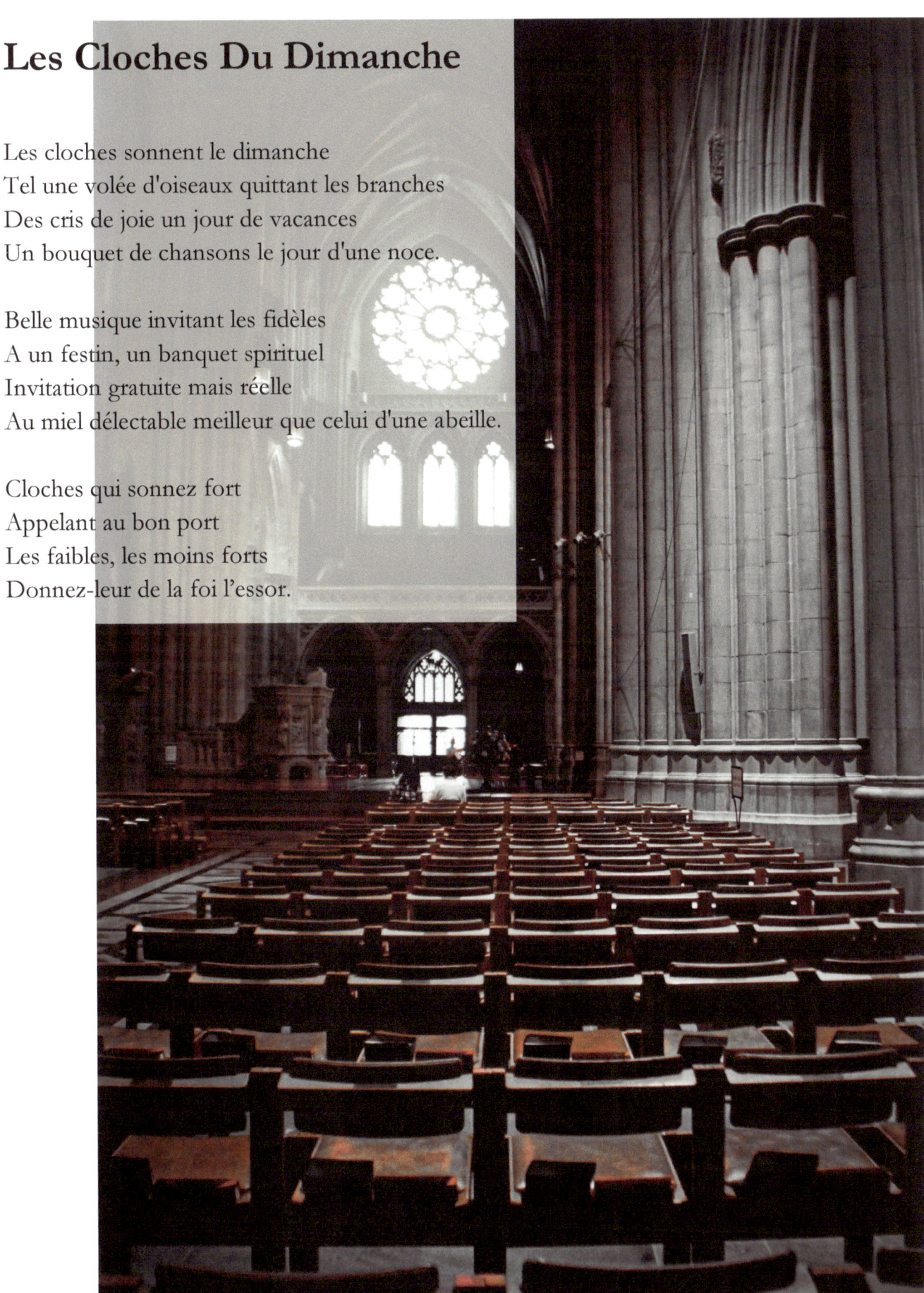

La Prière

C'est le doux silence de la nature
La souffrance ressentie après une blessure
Le regard qui couve un orphelin
Le visage attristé caressé par une main.

C'est l'aide à celui qui en a besoin,
C'est le sacrifice par amour des siens
C'est l'oubli complet de soi-même
Pour le bonheur de ceux qu'on aime.

C'est la chanson qu'avec plaisir on écoute
Le bonheur auquel on goûte
Les rêves qu'on fait et refait
Les noms posés sur nos pensées.

Le Cerf-volant

Magnifique le regard d'un enfant,
Manipulant son cerf-volant
Bleu, rose, couleurs pastel
Très haut dans le ciel.

Tache colorée dans tout ce bleu
Joli papillon peureux, tremblant
Sous le beau soleil luisant et puissant
Étranges sentiments que seul l'enfant comprend.

Hélas ce cerf-volant est enchaîné fort,
A une solide ficelle que tient l'enfant
Pour amortir ses ailes et son essor
Ah ! Mon Dieu quel triste et désagréable sort.

Été

C'est l'été, dans la nature tout brille,
Sur la plage se dorent les filles
Nymphes que le soleil habille
D'un hale couleur de rose
Dont les pétales sont à peine écloses.

Dans les champs la cigale chante
Les épis de blé gaiement se déhanchent
Les oiseaux gazouillent heureux
Adressant un hymne aux cieux.

Le ciel est d'un bleu si pur
Le soleil est fier dans son empire
Ses rayons sur nous se répandent
Fils d'or qui du ciel pendent.

La Joie

C'est la naissance d'une belle vision
Qui attire, laisse sans raison
C'est l'étoile captivante à l'horizon
Les regards tout pleins d'illusion.

C'est la joie qu'on a en regardant
Le doux visage d'un enfant
La découverte d'une fleur des champs
La joie ressentie en écoutant un chant.

La musique des vagues, le soir
Au clair de la lune, et la chanson
Tant aimée ; celle du vent.
Le souvenir des joies d'antan.

C'est la famille toujours réunie
Qu'un amour sincère unit
C'est revoir au seuil un ami
Qu'on a pour la vie choisi.

Petite Vie

Ensemble on a vécu
Une toute petite vie
Je n'aurai jamais cru
Que ça finirai ainsi.

Nos rêves entremêlés
Voguaient à leur guise
Tantôt seuls, tantôt avec la brise
Dans l'espoir d'être réalisés.

Hélas, l'homme propose
Mais c'est Dieu qui dispose
Le train qui t'emmenait
S'est brusquement arrêté.

Je suis restée avec ma douleur
Ne sachant vraiment que faire
Vivant avec ma mémoire amère
Ah ! La mort quel triste mystère.

Partis…Les Amis

Les amis qui ont quitté
Une triste existence éphémère
Avaient-ils vraiment assez
De vivre de cette manière ?

Partis où ? Vers un au-delà nouveau ?
Partis tôt ! Pour jouir d'une autre vie ?
Me laissant ainsi avec mon insomnie
Redoutable, cruelle, pire ennemie.

La nuit mon âme triste et pensive
Se demande ce qu'ils font sur l'autre rive,
Mon cœur leur parle avec des pleurs,
Mes yeux se ferment sur ma douleur.

Je ne poserai pas sur leurs tombes des fleurs
Ni verserai des torrents de pleurs
Je garderai vivante dan mon cœur.
L'image de notre ancien bonheur.

Espoir

Espoir éternel, espoir fou
De mon triste sort tu t'en fous
Tu me suis comme un ange gardien
Sans te montrer, tu restes lointain.

Au fond de mon âme enraciné
Me donnant l'occasion de toujours rêver
Attendre l'imprévu tant espéré
Croire à ce qui ne peut être réalisé.

Beau spectre, joli fantôme
Créé pour redonner à l'homme
Le désir de vivre gaiement
Tu l'accroches à toi redoutable aimant.

Mémoire

Dans ma mémoire largue ses amarres
Un bateau plein de bons souvenirs
Que j'aimerai faire toujours revivre
De leur parfum rester toujours ivre.

Mémoire dépôt de mes plaisirs
De tout un passé tramé de joies
Des jours heureux où il faisait bon vivre
Où se tissaient des purs émois.

Le fantôme de mes chers disparus
Au fond de toi a un sûre abri
Tout près d'eux mon bonheur gît
Devinent-ils ? Sans eux ma fleur est flétrie.

Souvenir

Souvenir que me veux-tu ?

Je t'en prie ne fais pas le têtu,

Je t'ai banni de ma vie,

Enseveli dans la vallée de l'oubli.

A tout moment je te dis : adieu

Tu ressurgis comme un orage furieux

Que me veux-tu ? j'en ai assez

D'être de nouveau trop blessée.

Plonge au fond des océans

Tu as démoli mes précieux ans

Mêlé, enraciné dans mon propre sang

Tu refuses d'être un éphémère passant.

Déesse De La nuit

Que j'aime me promener
Le soir dans mon jardinet
Admirer les diamants brillants
Tout là-haut au firmament.

Rêver à la clarté de la lune
Perçant les branches tremblantes
Parvenir à y distinguer
Quelques discrètes présence.

Lune mon amie, déesse de la nuit
Une brume légère te poursuit
Cachant ainsi ton visage pâle
Ta démarche légère et royale.

Lune au cortège immense
Est-ce pour bientôt ta noce ?
Que dis-je ? J'oublie l'interdit,
Ton amour c'est le jour qu'il brille.

Épave

Une barque gît sur le rivage
Épave éprouvée après un voyage
Délaissée par son vieux père
Implore l'amour de la mer.

Des crabes gardent un logis
Sous son corps déjà meurtri
Des coquillages disputent la place
Ils voudraient bien qu'ils les remplacent.

Alentour, des étoiles de mer
Ajoute au décor de la magie
A voir tout cela on a envie
De dire : elle est cruelle la vie.

Maison Délaissée

La maison de vieilles pierres
Seule au milieu d'une clairière
Silencieuse comme une prière
Abrite des joies et des mystères.

Les saules d'un gris vert
Caresse son toit recouvert
De mousse et de fissures
Cœur aux mille blessures.

J'imagine ses habitants
Partis il y a longtemps
Le vague bien à l'âme
La cause : un vrai drame.

A Guetta

Le jour tant attendu est arrivé
Du couronnement de ton succès
Aussi belle qu'une petit fée
Te voilà pour l'avenir préparée.

Un nouveau chapitre va commencer
Pourvu qu'il soit un compte de fée
Où l'histoire déjà annoncée
Soit la réussite de tes années.

Si je pouvais transformer mon cœur
En grand château de bonheur
Je t'y garderais toujours
Pour t'aimer jusqu'à la fin de mes jours.

Rêve Détruit

Grand rêve de ma vie
Brisé en mille débris
Assassiné sur ton large lit
Renaîtras-tu au bout d'une nuit ?

Tu n'es qu'un passant éphémère
Fœtus tué au sein de ta mère
Doux mots tracés sur le sable
Qu'efface une mer inattaquable.

Cavalier chevauchant dans un désert
Au sable mouvant., au sol glissant
Bien au loin pointe un peu de vert
Impossible d'atteindre ce bel univers.

Lilas De Perse

Un énorme lilas de perse
Sur un coin du jardin déverse
Une ombre pour les chatons
Des branches pour les pigeons.

Quel grand bouquet de verdure
Belle forme, fière allure
Vers le ciel chevauche tout droit
Pour atteindre je ne sais quoi.

Magnifique œuvre du créateur
Symphonie de forme et de couleurs
Tu réjouis le regard et le cœur
Sous ta ramure loge une parcelle de bonheur…

Hérésie

Seule dans mon jardin
Je me promène au clair de lune
Chassant un gros chagrin
Présent toujours à la une.

Toi qui es très tôt parti
Vers un monde inconnu
Sais-tu ce que c'est
Se sentir délaissée ?

Des jours et des nuits passent
Toujours vide est ta place
Mon âme est trop lasse
Que faut-il que je fasse ?

On dit que le chagrin s'oublie
Pas vrai...c'est une hérésie
Il ne fait que renaître
Au plus profond de notre être.

Sous Le Jasmin

Chaque nuit au lointain
Je te vois me tendre les mains
Je fais un effort mais en vain
D'assouvir de toi ma faim
Impossible...mais bien vrai
Mon beau rêve est brisé.

Au proche avenir peut-être
Nous serons de nouveau réunis
Alors nous briserons la nuit
Nous irons comme deux fous qui s'enfuient.

Le soir nous enveloppera
D'une robe toute noire
Dans les rues on se hasardera
Deux fantômes sans aura.

Sous le jasmin blanc on s'assoira
Ravis égrenant un vieux chapelet
De soupirs, de joie et de folies
Remettant à la une ce qui n'existe plus.

Nuit

Mon monde favori
C'est le noir de la nuit
Ou les étoiles brillent
Parsemées comme des lys
Dans un champ infini.

La lune qui les épie
Est ma plus chère amie
A qui sans hésitations je confie
Tous les secrets de ma vie.

Nuit que de douleurs tu caches
Bien ardue est ta tâche
Les fantômes de la peur
Faut-il que tu chasses
Afin que le bonheur les remplace.

Soleil

Tu es pareil à un bon cœur
Tu apparais ici, tu disparais ailleurs
Offrant tout ce que tu possèdes
Chaleur, beauté, lumière en aide.

J'aime t'admirer perçant l'aube
Chassant le noir, du deuil la robe
Apparaissant doucement, majestueusement
Déposant la joie comme un printemps.

Roi régnant dans ton univers
Fier de ton énorme puissance
Qui donne et ôte toute naissance
Capable de tuer tout vert, créant ainsi un désert.

Amour A Quatre Pattes

Mon amour a quatre pattes
Ses gestes tendres m'épatent
Je l'aime, on me blâme,
C'est le chéri de mon âme.

Sans lui la solitude règne
Dans la tristesse mon cœur baigne
Sa présence, c'est un autre monde
Où fidélité et reconnaissance font la ronde.

Il remplit de joie mon existence
Mon paradis c'est sa présence
Son regard me fend le cœur
Je voudrais y déposer plein de bonheur.

Moments De Sérénité

Qu'il fait bon marcher sur la plage
Pieds nus, mains libres sans bagages
Humer le bon vent marin du large
Oublier...de la tristesse plier la page.

O mer que j'aime regarder tes flots
Le soleil couchant, le retour des matelots
Attendre en silence un message
Bouteille flottante échouée sur ton rivage.

Le bien -être, c'est ici qu'on le trouve
Sentiment de joie on y éprouve
Bons moments passés dans la sérénité
Puissiez-vous durer jusqu'à l'éternité.

Charme D'un Soir

Quel charme à regarder
Le soir de ma terrasse
La belle voix lactée
Où jouent à cache-cache
Les quelques étoiles filantes,
Les ombres nocturnes flottantes
Ce paysage me fascine
Par ses mystères, son silence
Ranime dans ma triste âme
Le souvenir des chers absents
Sa majesté la lune lentement se promène
Ajoutant par sa grâce une beauté extrême
Ressemblant à une belle mariée
Qu'attend un prince charmant.

Le Dernier Train

J'aimerai être en ce moment
De la crèche le petit Enfant
Entouré de ses parents
Caressé par sa maman
La mienne est déjà partie
Au début d'une triste nuit
Calmement sans aucun bruit
Laissant figée toute une famille
Elle a pris son dernier train
Sans attendre le matin
Sans nous tendre la main
Pour un monde sans fin
Ainsi s'effaça sa vie
Sans "Adieu ! Les amis"
Enterrant un oubli
devenu sa phobie.

Au Nom De La Démocratie

Mon Liban à la beauté rare
Qu'ont-ils donc fait ces barbares ?
Ces meurtriers affamés de sang
Ont massacré tes jeunes enfants
Tes vieux, tes malades aussi
Au nom de la démocratie.
Liban le plus bel Éden sur terre
Aux cèdres fiers et toujours verts
Sol ou toutes les religions prospèrent
Où minarets et clochers s'enlacent en l'air
Exhalant ainsi une odeur de prière
Inondant d'amour toutes les frontières.
Tu restes toujours le pays qui défie
Les plus féroces et sauvages ennemis
Tu ressusciteras au beau milieu d'une nuit
Avec les secrets infinis d'une nouvelle vie
Alors adieux violence, guerre, folles incendies
C'est ici que naitra la vraie démocratie.

Appel Vers L'au-Delà

M'entends-tu, toi qui es parti ailleurs
Cherchant peut-être un monde meilleur ?
Sens-tu ma peine ? Vois-tu mes pleurs ?
Mon cœur se fend ; mon âme meurt.
Le fleuve de ma vie ne tarit pas
Pourtant impatiente j'attends le trépas
Ô mort sous ma fenêtre j'entends tes pas
Approche s'il te plait. Ne t'en va pas!
Que se terminent enfin mes pénibles jours
Vers l'au-delà que je parte sans retour
Sur l'aile de la nuit sans un détour
Retrouver ainsi mon cher et grand amour.

Vivement L'oubli

Si l'amour un jour s'en va
Tristement à petits pas
Souviens-toi qu'ici bas
Tout est vain et éphémère
Quel drôle de mystère!
Ton château est maudit
Traverse son pont-levis
Hardi, vers une nouvelle vie
Où tout est rose et te sourit.
Suis la route du bonheur
De toi éloigne les pleurs
Vas dans un nouveau logis
Où t'attendent des vrais amis.
Ainsi est faite la vie
Des jours tu pleures
D'autres tu ris
Fais des efforts !
Sois le plus fort.
Elle est partie
Eh bien, tant pis !
Là ne s'arrête pas la vie
Vivement l'oubli
Et la joie ressurgit.

Rêve

Au bord de la claire eau bleue
Méditent deux jeunes amoureux
Au sort qui les attend.
Sera-t-il vilain ?Sera-t-il bon ?

Le lac est calme comme leur humeur,
Leur cœur déborde de bonheur
Enlacés comme deux sarments
Ils se prêtent serments
De s'aimer jusqu'à la fin des temps.

Ils espèrent à d'heureux moments
Ils rêvent à un nid les protégeant
Où fuseront les rires de leurs enfants
A une vie qui sera pour eux
La réalisation   du rêve de deux amoureux.

Mon Vélo

Tôt la nature m'attend
Je prends mon cher vélo
Me dirige là où il fait beau
Le long sentier dans la forêt

Où j'aime souvent me promener
Écouter le chant des oiseaux
Sentir la douce caresse du vent,
Jouir de la voix du silence

Que peu de gens reconnaissent,
Me reposer près d'une fontaine
Me rafraîchir à son eau saine
Passer un moment de sérénité ?

Qui vaut la vie et l'éternité.
Oh mon vélo que je t'aime
Que j'aime la façon dont tu m'emmènes
Vers un bonheur trouvé sans peine.

Beauté

C'est le regard innocent
Dans les yeux d'un enfant,
Les larmes de joie qui coulent
Rendant l'âme soûle.

La rosée du matin
Posée en perles rares
Sur les fleurs du jardin
Qu'on admire au quotidien.

La mer qui va et revient
Sur le sable doré, fin
La lune pâle qui luit
Tout au fond de la nuit.

Les nuages blancs qui passent
Dans le ciel bleu puis s'effacent
Le coquelicot et le bleuet
Au milieu d'un champ de blé.

Reine Des Nuits

Lune mon amie
Reine de mes nuits
Qui, ce soir a osé
Effacer ta moitié ?
Un jaloux ? Un cinglé ?
Ou un roi détrôné
Qui envie ta beauté
Aspire à ta royauté ?
Lune qui va à la dérive
Que cherches – tu sur l'autre rive
Un ami longtemps disparu
Suite à des malentendus ?
Il ne reviendra pas
Ne presse pas tes pas
L'oubli l'a déjà emporté
A effacé tout le passé.
Un jour sur ton passage
Surgira un autre visage
Te prendra dans sa belle cage.
Avec l'amour pour unique gage.

Mirage

Aussi loin que porte le regard
Flottent les rêves d'un soir
Sur l'eau bleue miroitante
Comme s'enfuit l'espoir.
J'aperçois ton image à l'infini
Je tends les bras … Je te saisis
Tes yeux rient, tout bas tu me dis :
Pourquoi tu cherches l'interdit ?
Avec les flots qui reculent
S'en va alors mon "Hercule"
Mon cœur pleure, mon âme brûle
Sur l'autel de mes blessures.

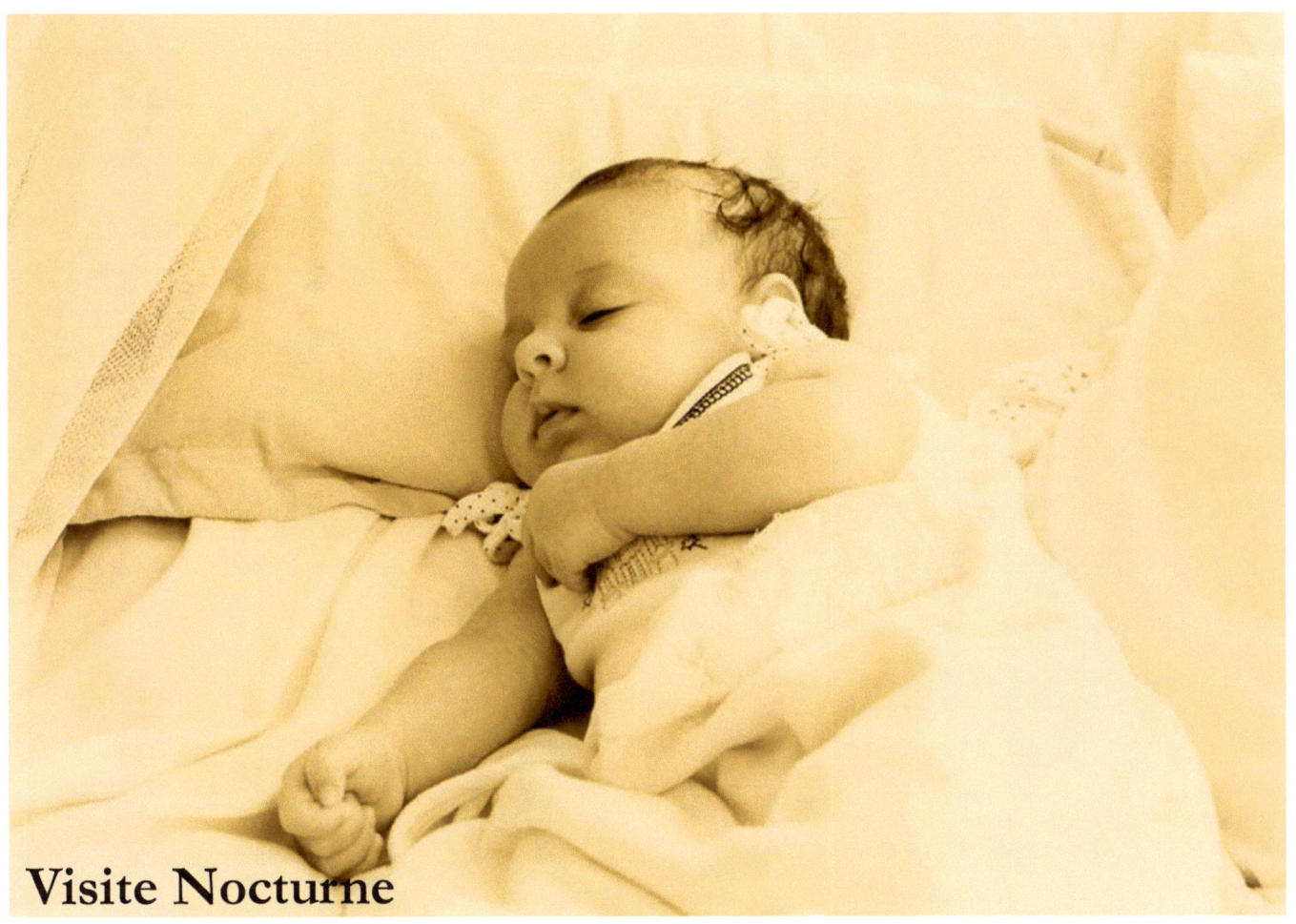

Visite Nocturne

Cette ombre qui vogue toutes les nuits
Doucement si près de ton lit
C'est l'âme de ta petite maman
Qui vient caresser son cher enfant.
Tends tes bras, saisis les miennes
Ecoute les murmures des "Je t'aime".
Inquiétant est ton silence
Ne sens-tu pas ma présence ?

Ombre D'un Passé

Seule sur les chemins de la vie
Sans compagnon, sans aucun bagage
Une ombre sans cesse me poursuit
Armée de son audacieux courage.

Arrête-toi ! Le chemin est si long
Arrête-toi ! Méfie-toi des buissons.
Les épines parsemées sur mon passage
Te donnent-elles de l'élan et ce courage ?

Est-ce un bonheur perdu que je cherche partout ?
Où une liberté absolue à l'amer goût ?
Ombre d'un passé, lien rompu dans l'absence
Tu revis dans mon cœur malgré ton silence.

Louange

J'écoute la musique et je te loue seigneur
J'admire la nature et je vois ta grandeur
La beauté c'est vraiment ta présence
La laideur c'est sûrement ton absence
La sérénité c'est toi mon créateur
La peine c'est quand je t'ignore seigneur.

Guide mes pas sur ton chemin
Sur mon épaule pose ta main
Allège ma douleur et ma souffrance
Donne-moi la foi et la patience
Toi mon unique havre de paix
L'océan où j'étouffe ce que je hais.

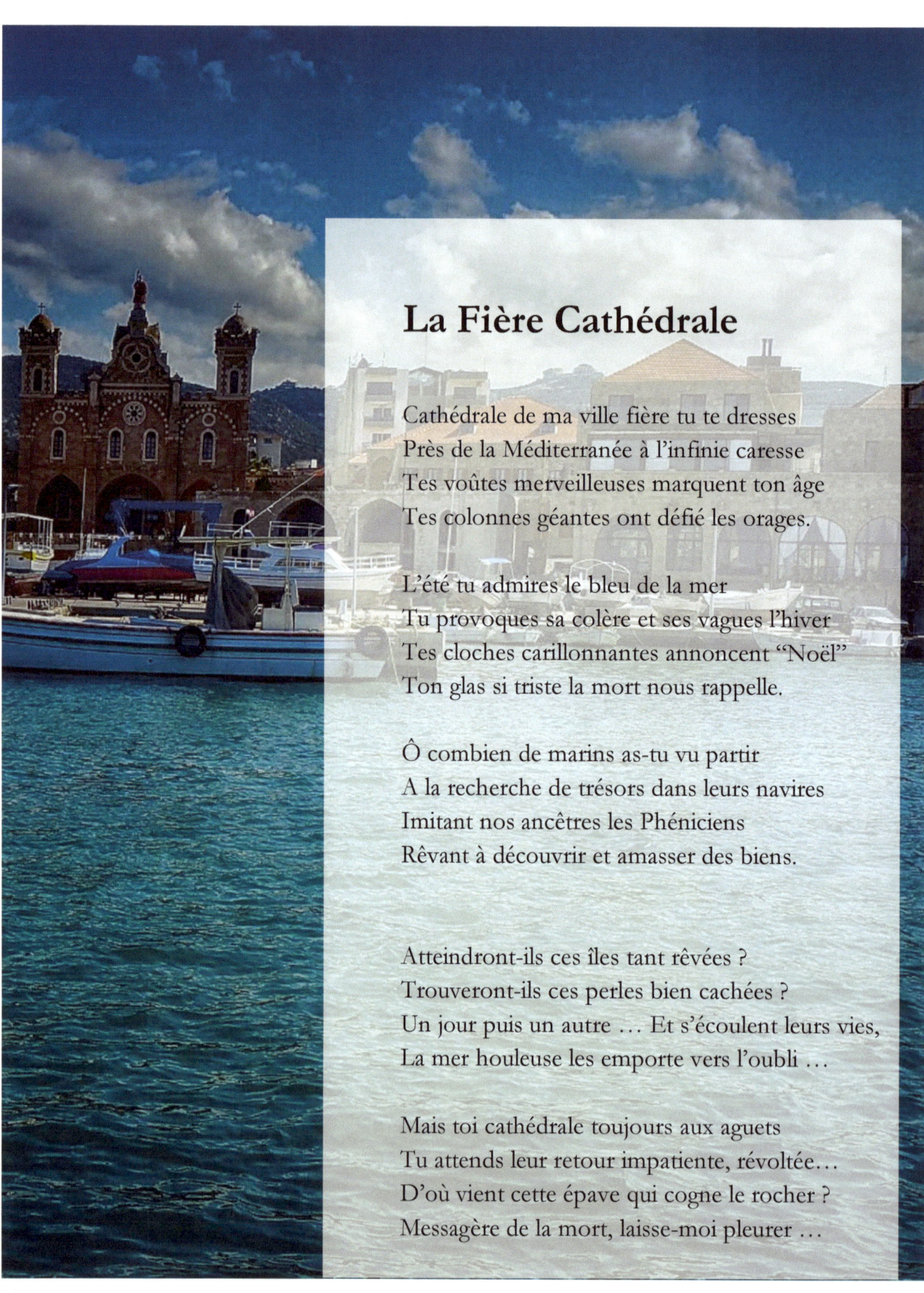

La Fière Cathédrale

Cathédrale de ma ville fière tu te dresses
Près de la Méditerranée à l'infinie caresse
Tes voûtes merveilleuses marquent ton âge
Tes colonnes géantes ont défié les orages.

L'été tu admires le bleu de la mer
Tu provoques sa colère et ses vagues l'hiver
Tes cloches carillonnantes annoncent "Noël"
Ton glas si triste la mort nous rappelle.

Ô combien de marins as-tu vu partir
A la recherche de trésors dans leurs navires
Imitant nos ancêtres les Phéniciens
Rêvant à découvrir et amasser des biens.

Atteindront-ils ces îles tant rêvées ?
Trouveront-ils ces perles bien cachées ?
Un jour puis un autre … Et s'écoulent leurs vies,
La mer houleuse les emporte vers l'oubli …

Mais toi cathédrale toujours aux aguets
Tu attends leur retour impatiente, révoltée…
D'où vient cette épave qui cogne le rocher ?
Messagère de la mort, laisse-moi pleurer …

Une Tasse De Café

Sur une table posée
Un visage décomposé
Regarde la fumée
Qui s'envole en spirale
Vraie danse orientale
Portant vers l'infini
La tristesse et les ennuis.

Une tasse de café
Dégustée et vidée
Protège des dessins
Où se lit un destin
Séparation puis déclin
D'un amour éternel
Qu'on croyait sans fin.

Oubli

De ton mal je suis guérie
A toi je pense sans nostalgie
Tu es pour moi un amour fini
Un écho dans la vallée de l'oubli.

Telle la brume voilant un paysage
Je revois à peine les traits de ton visage
Tes paroles résonnent en vain
Comme l'écho d'un clocher lointain.

Les gestes que tu essaies de faire
De plus en plus m'indiffèrent
Ne tente plus de me plaire
Et ne dis pas que faut-il faire ?

Tel un oiseau volage
Qui vient de quitter sa cage
Je me sens pousser des ailes
Pour me refaire une vie nouvelle.

Ma Patrie

Du vent, la caresse
De l'âge la jeunesse
Du bonheur l'ivresse
De l'amour la tendresse
L'éternel printemps
C'est toi mon Liban !

La source qui vagabonde
Le fleuve qui gronde
L'yeuse et le sapin
Le genêt et le thym
Les sommets tout blancs
Les chants des enfants
L'amour des mamans
C'est toi mon Liban !

Les vallées profondes
Les cascades qui tombent
La mer si bleue
La force du feu
Le ciel si clair
La beauté de la terre
L'amour infini
C'est toi ma patrie.

Mélancolie

Pur émoi du cœur
Quelle est donc ta source ?
Doux chant de bonheur
D'une nuit si douce !

Hôte de minuit
Mon sommeil tu as pris
Laisse mon âme blessée
Quitte, quitte mes pensées !

Doux rêve, mal extrême
Amour perdu, maître suprême
Lasse d'absence, partout étrangère
Ta voix me dit : espère, espère !

Temps passé à jamais rêvé,
Au bout de mes jours seras-tu retrouvé ?
Es-tu ma part de bonheur promis ?
Rends-moi ce cœur qui t'est soumis.

Le tien tu as donné, je te pardonne
J'offre le mien à la Madone
Les perles de mes yeux tressées en couronne
N'appartiendront plus jamais à personne.

Au Gré Du Vent

Un ciel tout bleu
Des nuages trop blancs
Grandes boules de coton
Voyagent au gré du vent
Vers l'est ,vers l'horizon
Dans toues les directions...
Des fois s'enlacent tendrement
Tels des âmes en fusion
Certains se séparent sans raison
Qu'est-ce qui se passe ?
Les voyages les lassent ?
Nuages blancs qui passez
Comme des cigognes à la fin d'un été
Emportez nos peine, nos tristesses
Partez, galopez, comme un chien sans laisse.

Aimer

Pourquoi les fleurs doivent-elles flétrir
Pourquoi les oiseaux doivent-ils partir
Pourquoi les papillons doivent-ils périr
Pourquoi, Pourquoi, Pourquoi souffrir ?
La mer est faite pour partir
Les bateaux sont là pour revenir
Pour les caresses il y a le zéphyr
Le soleil dans son ciel pour éblouir.
Aimer, aimer sans réfléchir
Un passant hésitant ne sachant que fuir
Un chien errant, une chatte miaulant
Aimer, aimer, c'est conquérir…
L'espace a trouvé des habitants
Attirés on ne sait par quel aimant
Puissent-ils ne pas souiller un firmament
Qui abrite pour certains un Dieu aimant.
Un Dieu qu'on prie et qu'on supplie
De nous épargner tous les soucis
Qui de son ciel nous bénit et dit :
Pour gagner mon royaume il faut souffrir.
Ton royaume Ô Bon Dieu
On l'oublie, il est vieux
La violence, le mal mais c'est fameux
Pour des gens qui oublient que tu as souffert
Pour nous sauver, pauvres fils de la terre.

Humble Présent

Tes vingt six ans mon enfant
De la vie c'est le printemps
Sois heureux, mais sois prudent
Car on ne peut retenir le temps
Il ignore les saisons
Les détruit sans aucune raison.

Comme je voudrais vivre longtemps
Et te voir accueillir à temps
Le printemps de cet enfant
Que tu attends sur feu ardent.

Mon attente à la tienne était pareille
De toi je rêvais dans mon sommeil
Je priais Dieu dans mon réveil
Pour te garder comme le soleil.

Pour t'offrir je n'ai que des sentiments
Un amour sincère, celui d'une maman.
Si tu avais besoin d'un cœur aimant
Le mien je te présenterais sur un plat d'argent.

Si tu avais besoin d'un regard calmant
Je te donnerais mes deux yeux brillants
Mon cœur, mes yeux, mes sentiments
De moi à toi sont l'humble présent.

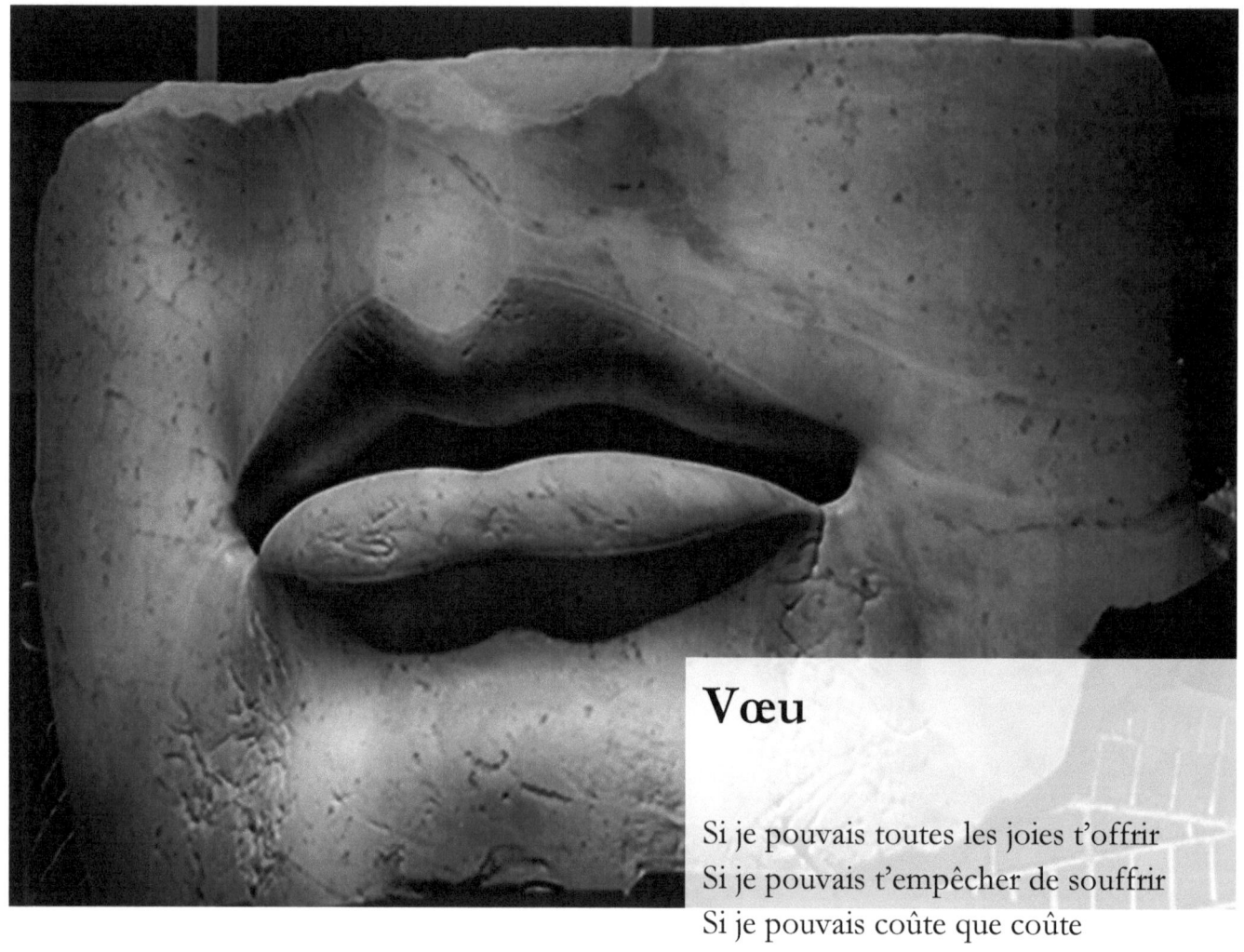

Vœu

Si je pouvais toutes les joies t'offrir
Si je pouvais t'empêcher de souffrir
Si je pouvais coûte que coûte
De ton esprit arracher le doute.

Si je pouvais te rendre heureuse
Ne plus te voir aussi soucieuse
Je me sentirais moins coupable
Je saurais que ma faute est pardonnable.

Tu me demandes d'être raisonnable
D'oublier le passé ; de recommencer
Ce serait chose très agréable
Si tu n'avais l'amour tué.

Tes paroles volontiers je les écoute
Mais il est difficile d'effacer le doute
Je voudrais bien pouvoir te croire
A tâtons je cherche l'espoir.

Souhait

Qu'est-ce que je fais parmi ces gens
Qui fêtent heureux le nouvel an
Mon monde à moi est différent
Le silence, le calme et des cœurs souffrants.

Un jeune homme avec deux béquilles
Une vieille femme sans famille
Un pauvre n'ayant rien à manger
Un orphelin qu'on refuse d'héberger
Ma joie c'est de les aider
D'être toujours à leurs côtés.

Comme je voudrais être une fée
Et d'un coup de baguette effacer
Les malheurs de tous ces gens
Les rendre heureux et souriants.

Destinée

Un jour lointain sans le vouloir
Sans que tu cherches à m'émouvoir
Tu pris mon cœur, tu pris mon âme
Et depuis commença mon drame.
Tes yeux me disaient beaucoup de choses
Ainsi je voyais la vie en rose
Je vivais dans un grand bonheur
J'oubliais l'existence du malheur.
Le temps passait à toute vitesse
Et je t'aimais follement ; sans cesse.
Je me sentais comme une déesse
Que rien ne trouble, que rien ne blesse.
Timidement mon cœur t'interpellait
De toi il refusait d'être séparé.
Ton regard disait : ne sois plus troublée
Mon cœur est à toi ; je te l'ai donné.
Alors à deux mains je tenais ma destinée
Croyant pouvoir la garder d'année en année
Mais ce bonheur n'a duré que quelques saisons
Et depuis je languis : j'ai perdu la raison.
Me reste la joie de revivre de ton souvenir
De te rencontrer peut-être à l'avenir
Tu tiens mon cœur enfermé dans ton cœur
Sur mes jours tu répands la souffrance et les pleurs.

Boite A Musique

Chaque jour de bon matin
Dans mon petit et beau jardin
Une unique boîte à musique
Émet des sons romantiques
Concert matinal, pépiement
Remplissent le firmament
Mélodie diffusée tendrement
Évoque le chant d'une maman
Qui berce son petit enfant.

Bel arbre qui mont haut
Tes branches bougent comme les flots
S'entrelacent tels les ailes des anges
Comme de beaux cheveux, des franges
Chaque jour tu fais mon bonheur
Avec tes habitants d'honneur.

Prière

Cette ombre traversant la nuit,
Cette main tendue et non saisie
Ce rêve des mille et une nuits
Ce n'est personne, si ce n'est lui.
Ces mots avec tendresse écrits
Ces souffrances avec joie subies
Cette coupe bue jusqu'à la lie
C'est à cause, à cause de lui.
Le vent soufflant sur le désert
Le grondement de tous les tonnerres
Les orages de toutes les nuits d'hiver
C'est mon âme qui fuit, mes pensées qui errent.
Je suis une fleur touchée par l'orage
Un oiseau enfermé dans une jolie cage
Un promeneur qu'on prive de voyage
Et la nuit où se prépare l'orage.
Lassée de cette vie sans bonheur
Je ne fais que verser des pleurs
Dieu, faites refleurir un printemps
Avec mes larmes arrosé longtemps !
Donnez la joie à tous les souffrants !
Dans les cœurs mettez un feu ardent,
Rendez à tous l'enchantement
Faites qu'ils pardonnent et aiment souvent.

Tendre Bouquet

En me promenant dans mon jardin
Parmi les roses et les jasmins
Oubliant le monde et ses soucis
Me livrant à une douce rêverie
J'entendis comme un petit bruit
Je courus voir l'intrus.
Une toute petite tête
Aussi belle qu'une violette
Passait de cachette en cachette
Faisant ainsi la cueillette
De tous mes rosiers blancs.
Regardant avec douceur
Les belles fleurs cueillies
Le visage rayonnant de bonheur
Il traversa vite la rue.
A pas de loup je le suivis
Et je vis allongée sur un lit
Une jeune femme amaigrie,
Le souffle court, le cœur battant ;
Du regard semblait chercher l'enfant.
Lui, tenant le bouquet tendrement
S'approcha d'elle tout doucement
Murmura d'une voix fluette
Voici maman les fleurettes
Celles que tu aimes tant !
Serrant fort le beau bouquet
Elle détourna ses tristes yeux
Regarda le ciel… murmura un vœu.

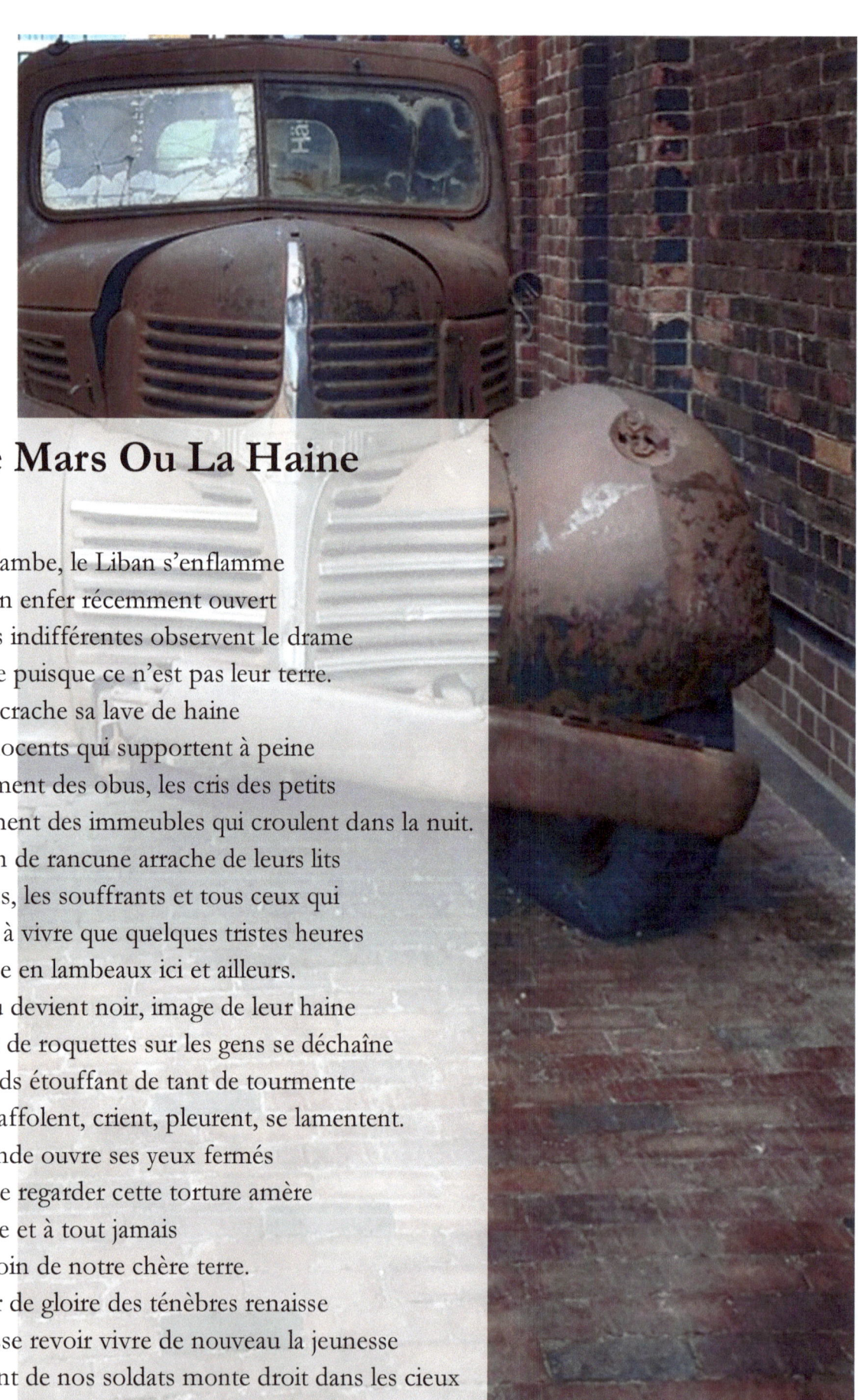

Trente Mars Ou La Haine

Le Liban flambe, le Liban s'enflamme
On dirait un enfer récemment ouvert
Les nations indifférentes observent le drame
Qu'importe puisque ce n'est pas leur terre.
Un volcan crache sa lave de haine
Sur des innocents qui supportent à peine
Le grondement des obus, les cris des petits
Le craquement des immeubles qui croulent dans la nuit.
Un ouragan de rancune arrache de leurs lits
Les malades, les souffrants et tous ceux qui
N'ont plus à vivre que quelques tristes heures
Les disperse en lambeaux ici et ailleurs.
Le ciel bleu devient noir, image de leur haine
Une averse de roquettes sur les gens se déchaîne
Sous le poids étouffant de tant de tourmente
Les gens s'affolent, crient, pleurent, se lamentent.
Que le monde ouvre ses yeux fermés
Qu'il daigne regarder cette torture amère
Qu'il chasse et à tout jamais
L'ennemi loin de notre chère terre.
Que le jour de gloire des ténèbres renaisse
Qu'on puisse revoir vivre de nouveau la jeunesse
Que le chant de nos soldats monte droit dans les cieux
Et qu'ils restent les seuls maîtres de ces lieux.

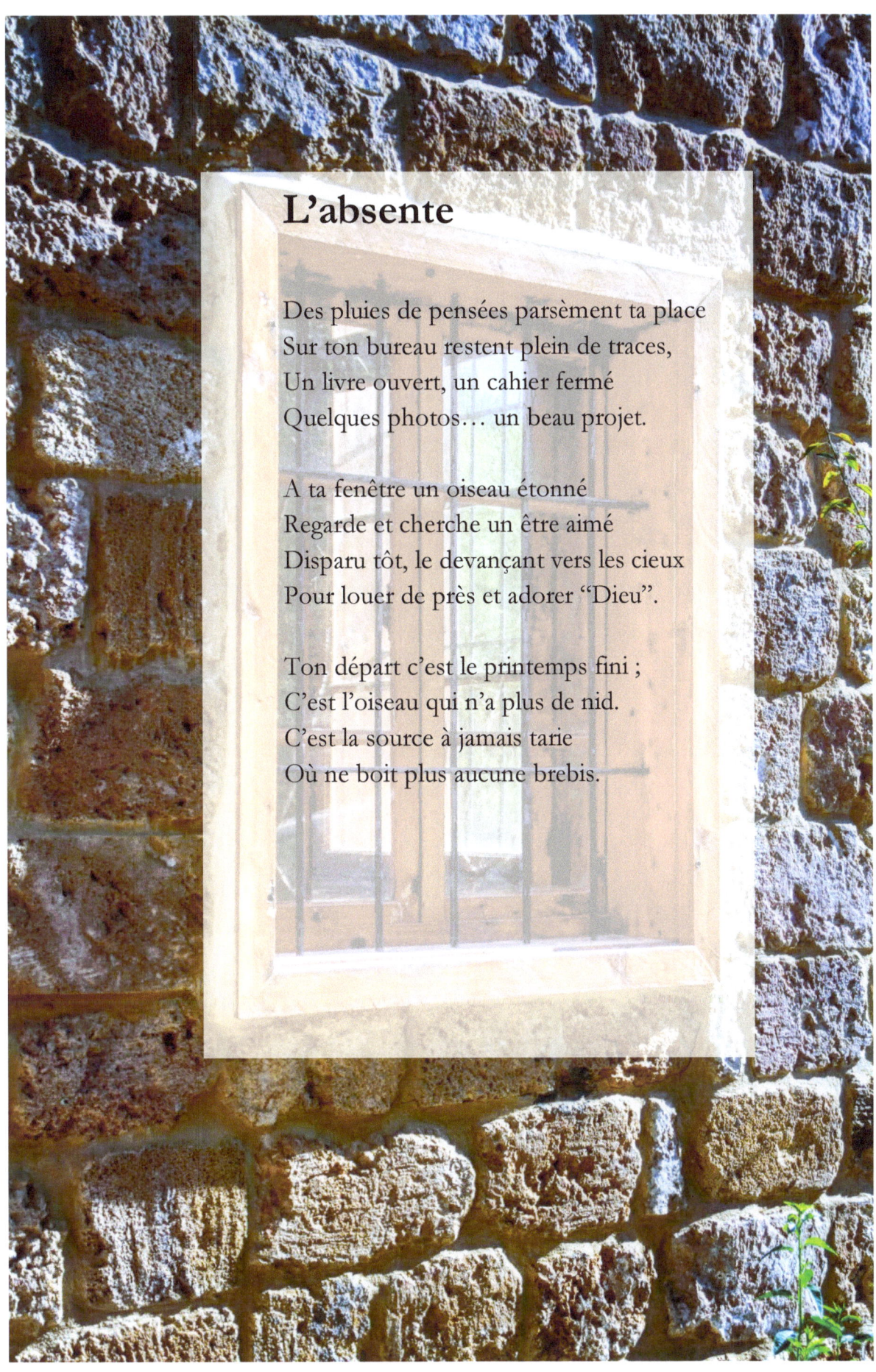

L'absente

Des pluies de pensées parsèment ta place
Sur ton bureau restent plein de traces,
Un livre ouvert, un cahier fermé
Quelques photos… un beau projet.

A ta fenêtre un oiseau étonné
Regarde et cherche un être aimé
Disparu tôt, le devançant vers les cieux
Pour louer de près et adorer "Dieu".

Ton départ c'est le printemps fini ;
C'est l'oiseau qui n'a plus de nid.
C'est la source à jamais tarie
Où ne boit plus aucune brebis.

Coucher De Soleil

Là où le ciel et la mer s'enlacent
Une chose étrange se passe
Le soleil tout feu, tout flamme
Semble ce soir rendre l'âme.

Lui qui a offert sa chaleur
Aux arbres, aux oiseaux, aux fleurs
Nous quitte tristement ce soir
Faisant renaître ailleurs l'espoir.

Soleil, tu es pareil à mon cœur
Qui donne et redonne sans peur
De la joie, de l'amitié et de l'amour
Sincèrement et pour toujours.

Attente

La violette cachée sous ses vertes feuilles
La rosée du matin que le soleil cueille
L'aube qui saigne pour enfanter le jour
C'est mon cœur qui s'ouvre pour t'offrir l'amour.

Le papillon déposant des baisers sur les roses
L'oiseau chantant qui sur la branche se pose
Le bébé souriant en faisant un doux rêve
C'est mon âme qui te cherche sans trêve.

La feuille qui choit d'un vieux chêne
Qu'emporte l'eau vive d'une fontaine
C'est mon regard qui partout poursuit
Ton spectre, ton ombre. Reviendras-tu ?

Un Amour D'antan

Déjà vingt six ans
Et passe vite le temps
Effaçant l'amour d'antan
Que tu portais à une enfant
Ignorant tout de la vie
Ne voyant que tes yeux éblouis
Par la beauté de sa jeunesse
Où est donc passée ta tendresse ?

Le temps d'un sablier
Et tu as vite oublié
Les serments pieusement prononcés
Les pleurs chaudement versés
Le jour où tout a commencé.

Je me suis laissée prendre
Je n'ai pas voulu comprendre
Que l'oiseau bleu peut s'envoler
Laissant son nid et la couvée.

Parfois une fleurette t'attire
Tu sombres dans les chimères
Ressemblant au papillon
Qui se brûle à la lumière
D'une lampe qu'il desire.

Les restes de ta tendresse
Les séquelles de ton amour
Garde-les pour le jour
Où je ne serai plus là.

Alors avec la couronne tu les déposeras
Sur mon cercueil et tu te repentiras
A ce moment tu pleureras
Et l'anniversaire de ma mort
Chaque année tu fêteras.

Pourquoi Mon Dieu

Pourquoi mon Dieu mas-Tu abandonnée
Dans cette vallée de larmes : notre terre
Foyer de peine, source de misère
Nuit noire, sans aucune lumière.

Mon mal n'a plus de remède.
J'ai vraiment besoin de Ton aide.
Viens vite à mon secours,
Tu es mon unique recours !

Les lys des champs Tu as vêtu,
D'habits sublimes, qu'on les envie.
Les oiseaux du ciel, Tu as nourri,
Et moi solitaire, parait-il, Tu m'oublies !

J'en ai marre de cette vie
Monotone, ou rien ne va plus
L'absence de ceux que j'ai chéris
Me rend malade et me tue.

Je meurs en toute lenteur.
De la solitude, j'ai trop peur.
Aidez-moi à pouvoir traverser
Le chemin que tu m'as tracé.

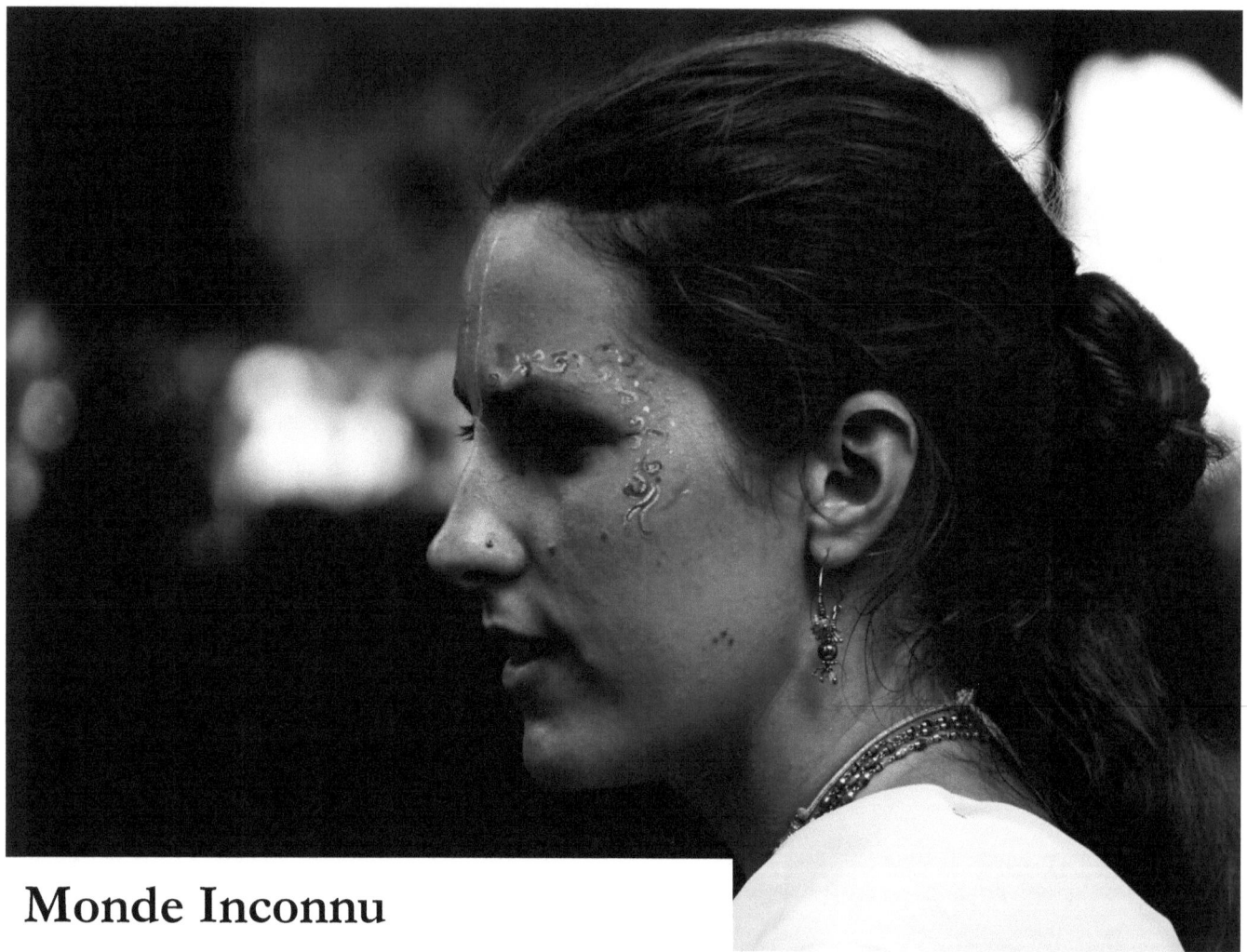

Monde Inconnu

Des yeux noirs, plus noirs que la nuit
Des yeux noirs ou aucun espoir ne luit
Des yeux noirs source de trop d'ennuis
Des yeux noirs qui disent toujours non et jamais oui.

Des yeux noir tout un monde inconnu
Auquel l'accès est absolument interdit
Des yeux noirs mer profonde ou l'on périt
Sans faire un geste, sans pousser un cri.

Dans ces yeux finit et meurt le jour
Apparaît le regret et le deuil de l'amour.
En ces yeux on voyage sans retour
Dans un noir absolu sans faire un détour.

La Fin D'un Eté

Sur cette plage dorée
Où les vagues déferlaient
Touchant à peine nos pieds
Nous étions deux, seulement deux
Quoique d'autres nous entouraient.

Mon regard ton visage caressait
Mon âme la tienne enlaçait
Mais toi, loin, si loin tu paraissais
Vers qui allaient donc tes pensées ?

Parfois il me semblait comprendre
Ce que je n'osais espérer
Me suis-je vraiment trompée
Où t'ai-je un jour intéressée ?

Le doute ; ah, quelle pénitence !
Il pousse au loin l'espérance,
Nous fait vivre dans la souffrance,
Cause parfois notre déviance.

C'était la fin de l'été
Des beaux jours ensoleillés
L'approche de la saison d'automne
Du ciel gris, des feuilles jaunes.

Une hirondelle dans l'air
Semblait tisser de la dentelle
Essayait de rendre belle
La sombre couleur du ciel.

- En vain chère passagère
Tu essais de changer l'atmosphère.
Vole, vole, reste alerte
Cette saison ne sera plus verte…

Les saisons, c'est comme les femmes
Elles passent par plusieurs étapes
Mais il ne faut pas que ça t'échappe
A chaque âge il y a son charme.

Oui

En ce beau jour, toute épanouie
Souriante au bras de ton mari
Notre chère fille tu es partie
Vers l'inconnu, en prononçant ton "Oui".

En cette église bien décorée
Dans ta robe de mariée
Tes yeux vers le ciel levés
Tu paraissais de joie comblée.

Par un lapsus tout fut changé
De parmi nous cet étranger
Par son amour t'a arrachée
Pour que tu restes à ses côtés.

La maison est bien vide sans toi.
Mais on ne peut changer la loi
Que l'avenir te mène vers la joie

Les Yeux Noirs

Tes yeux noirs, tes yeux de jais
Secrets, mystères, havre de paix
Doux regard de velours noir
Caches-tu le malheur ou bien l'espoir ?

Chercher l'amour dans tes yeux noirs
N'est-ce pas le frêle songe d'un soir
Où l'âme erre, vogue au hasard
Partir… s'enfuir … mieux vaut qu'y croire.

Ah! Rends-moi la chaleur de ton regard.
Laisse-moi admirer ces deux papillons du soir
Et graver à jamais au fond de ma mémoire.

Promenade Nocturne

Te souviens-tu d'un soir
On errait dans le noir
Gais la main dans la main
Ne pensant pas au lendemain ?

La brise qui soufflait
Semblait nous caresser
On ignorait les souffrances
On était plein d'espérance.

Le chagrin était notre ennemi
La lune et les étoiles nos amis
Errant à notre sort sans patrie
Les arbres sur nous se penchaient attendris.

Paradis Perdu

Enfants massacrés la nuit
Chérubins tués dans leurs lits
Le printemps ? Vous ne l'avez pas connu
Des fleurs des champs ? Vous n'en avez pas cueillies.
Chères âmes ! Ne croyez pas qu'on vous oublie
Un jour viendra où on se révoltera
Aux grands de ce monde on criera :
Cessez vos jeux interdits
Dans le royaume des petits.

Bébés qui vont bientôt naître
Dites-moi qu'espérez-vous connaître ?
L'amour ? Les jeux ? Le bonheur peut-être…
Ah non ! Il est vraiment interdit
De rêver même la nuit
Dans ce merveilleux pays
Nommé jadis : Le paradis.

Etoile au firmament qui luit
Stable au filante sois-tu
Ne regrettes-tu parfois la nuit
De briller dans le ciel d'un pays
Qui pour nous est devenu
Absolument un paradis perdu.

A Ma Mère

Tu es le cierge qui se consume
Tu es l'encens qui brûle et parfume
Tu es l'amour sans limite
Symbole de toutes les réussites.

De tes yeux clairs couleur de sable
Jaillit une source d'amour intarissable
A Jésus même, une mère fut indispensable
Car il choisit la vierge Marie
Pour qu'elle soit à côté de Lui.

Seule toutes les nuits tu veilles
Pendant que tes enfants sommeillent.
Tu les admires dans leurs lits
Les croyant toujours petits
Maman, on a trop bien grandi
Quoiqu'on voudrait rester petit
Et dans tes bras à jamais blotti.

Puisse Dieu te donner longue vie
T'épargner tous les ennuis
Mère chérie, pour toi je prie
Accepte mon amour infini.

A Une Amie

L'amitié on l'a dit
Est le sel de la vie
Vivre loin de ses amis
C'est être privé du paradis.
Toi l'amie qui est partie
Vers tes parents et ta patrie
Te souviens-tu de ces chansons
Qu'on écoutait au vieux salon ?
Impatiemment on attendait le soir
Pour qu'on puisse se revoir
Gais, joyeux et pleins d'espoir
On se racontait les belles histoires.
Ensemble on faisait des projets
On échangeait les idées
Nos soirées étaient animées
Par les jeux qu'on inventait.
Ainsi tout fut terminé
Le jour où tu nous a quittée
Il y a seulement des moments d'amitié
Est-ce vraiment une vérité ?
Que reste-t-il de ce qui a été ?
Des idées … des photos … des souvenirs
Loin de toi, sans ton sourire
Ils sont si longs les jours à venir.
Toi qui souvent nous disais
Votre pays est merveilleux
Y reviendras-tu jamais
Admirer notre ciel si bleu
Voir refleurir notre printemps
Revivre de nouveau les beaux moments ?

L'Adieu

Dans notre ciel passe une étoile
File et s'enfuit comme l'espoir
Quitte sa place sans "au revoir"
Que cherche-t-elle dans la nuit noire ?

Sans compagnon, comme une âme en peine
Elle vole et vogue par-dessus nos plaines
La lune étonnée, la regarde avec regret
Pourquoi quitte-t-elle ce beau ciel étoilé ?

Les astres luisants sans rien comprendre
Voudraient la suivre pour la reprendre
A leur place ils se sentent enchaînés
En la voyant suivre vivement son sentier.

Qu'a-t-elle donc à fuir ainsi ?
Suit-elle un ami déjà parti ?
Pourra-t-elle le rejoindre quelque part
Aura-t-elle jamais ce doux espoir ?

Dans le silence de la nuit
Une suave musique a retenti
Dans l'eau d'un petit ruisseau
s'est reflétée parmi les roseaux
L'image de deux astres éblouis
L'un dans les bras de l'autre blotti.

La lune en faisant sa tournée
A éclairé les bien-aimés
Gênés … ne sachant que faire
De nouveau ils se séparèrent.

Sort Défini

Tu es le jour et son soleil qui éclaire
Je suis la nuit noire et ses mystères
Deux points opposés qui désespèrent
D'être un jour réunis sur cette sphère.
Ton soleil symbole de la force
Règne dans son ciel à jamais fier.
Ma lune s'émiette comme l'écorce
D'un arbre millénaire ou d'une vieille pierre.
Mais avant de s'effriter complètement
L'amour redonnant à la lune de l'élan
Petit à petit vole au soleil sa lumière
Parmi les astres reste une étrange passagère.

Comme une feuille errante dans le noir
Tremblante de froid et de désespoir
Frissonnante dans un monde d'oubli
Pour se réchauffer, elle cherche un petit nid.
Le ciel et ses galaxies l'indiffèrent
A son âme languissante elle cherche un frère
Ayant assez d'être si solitaire
Vers le soleil elle se retourne et adresse sa prière.
- Que puis-je pour toi mon amie
Notre sort est ainsi défini.
Toi voguant toujours parmi les galaxies,
Moi solitaire dans mon ciel je brille.

L'Image Hardie

Je suis poète
Tu es ma muse
J'écris des mots
Et ça t'amuse
Dans ton regard
Je vois la ruse
Les feuilles s'entassent
Mes idées s'usent.

Mes jours se vident
Mes nuits sont rudes
Je fuis le monde
Mes pas me guident
Vers ton rivage
Où je fais naufrage.

Sur la plage de tes yeux
Je me noie dans le bleu
Ballottée par mille vagues
Comme un ivrogne je divague.

Alors ma plume se tait
Et je ferme le cahier
Sur une image hardie
Source de mes rêveries.

Etoile Filante

Etoile filante pareille à nos jours tu fuis
Dans le silence de la nuit
Semblable à notre bonheur
Tu vogues dans l'espace
Tel un faible cœur
Tu trembles puis tu passes.

Etoile, dis-moi qui es-tu ?
Une larme du Petit Jésus
Le pétale d'une rose flétrie
Ou le cri d'un orphelin perdu ?

Je te vois passer vivement
Je me demande par moments
Si tu n'es pas l'âme d'un enfant
Qui cherche vainement sa maman.

Pourquoi passes-tu si haut ?
Vis-tu dans un monde plus beau ?
Loges-tu dans un nid doux et clair
Où vas-tu ? Ton sol n'est-il pas dans l'air ?

A Mon Père

Quand tu t'es éteint
A l'aube de ce matin
Mon âme fut à jamais
Par le chagrin marquée.

Ton départ … ton absence
Ont emporté mon enfance
Les jours qui avancent
Nourrissent ma souffrance.

Ta présence échauffait bien nos jours
Près de toi c'était un Eden d'amour
Le monde sans toi est un immense désert
Ta voix disparue a changé son concert.

Amour Interdit

Tes yeux clairs
Couleur de la mer
Tes yeux d'azur
Au regard pur
Expriment la joie
Et tout l'émoi
Que tu portes en toi
Quand tu me vois.

Emotion d'un instant
Joie d'un moment
Eveillent trop de peine
Dans mon âme pleine
De déchirures et de blessures.

Amour interdit
Passion infinie
Ne tente plus
Une femme fidèle
A celui qui
Lui a tout appris.

Va-t'en! ça suffit.
Longues sont les nuits
Où ta présence me hante
Et pourtant je te fuis.

La fleur de ma vie
Est déjà flétrie
Ses pétales un à un
Sont déjà partis
Vers l'inconnu…

Batroun

Souffle de Dieu sur la terre
Rivage aux rochers pleins de mystères
Terre des vignes et des citronniers
Botris, elfe aux couleurs de la Méditerranée.

J'aime marcher dans tes ruelles
Egrener le chapelet des souvenirs
Ici cache-cache, là-bas marelle
Ah! Que la vie était vraiment belle.

Quelque part dans la nuit noire
Brille comme un lointain espoir
Le croissant d'un paisible minaret
Face à la croix d'un vieux clocher.

Ma ville que j'aime ta convivialité
La vie dans ce monde de tranquillité
Où toutes les saisons sont des étés
Qui font mûrir amour et amitié.

Metamorphose

C'est avec nostalgie
Un sentiment infini
Que souvent je revois
Nos jours d'autrefois.

C'était les beaux jours
Le temps de l'amour
L'amour innocent
De deux adolescents
Voyant la vie en rose
Partout les belles choses
L'oiseau chantant, la fleur éclose
Le jour, la nuit: la métamorphose.

Cet amour on le croyait éternel
Aussi immense que le ciel
Plus beau que les parfums de la terre
Les serments et les pleurs, ah, quels mystères !

- L'amour mon amie est un ange qui vole
Tu ne peux l'arrêter, il change de sol
L'ivresse qui nous comble est souvent une erreur
La douceur s'envole, reste le temps des pleurs.

Bahsa

Bahsa plage de ma jeunesse
Où les vagues vagabondent sans cesse
Bahsa, plage de coquillages et de cailloux blancs
Caressés par les rayons du soleil ardent
Brillants comme des perles et des diamants
Que voudrait offrir tout amant
A sa bien aimée le jour de l'an.

Bahsa coin de l'éden laissé sur terre
Par le créateur, inventeur des mystères
Petite baie calme, où viennent les solitaires
Passer des heures pour calmer leur douleur
Attendre longtemps pour trouver une âme sœur.

J'aime faire de tes cailloux blancs
De tes coquillages bien luisants
Un collier tout beau, tout rond
Pouvoir le placer haut au firmament
Au cou de la lune pour le reste des temps.

A Mes Fils

Souvenez-vous mes chéris
Lorsque vous étiez petits
Quand vous criiez la nuit
Je vous berçais sans bruit
Pour ne pas réveiller autrui.
Je vous prenais sur mes genoux
Vous m'enlaciez autour du cou
De joie, d'amour on était fou
Va-t'en ! Va-t'en ! Oh, vilain loup !
Ainsi vous vous endormiez
Aux belles choses vous rêviez
Mais je restais éveillée
Et le Bon Dieu je priais
Pour que vous grandissiez
Loin des peines et des soucis.
Un jour viendra où je ne serai plus là
A vos enfants parlez un peu de moi
Dites-leur que je les ai aimés
Bien avant qu'ils ne soient nés.
De votre père prenez bien soin.
Aimez-le d'un amour sans fin.
Soyez pour lui un bon appui
Car il aura déjà vieilli.
La solitude fait trop de mal
Vivre seul est détestable
Vieillir n'est pas très agréable
L'hiver de l'âge est déplorable.
De l'au-delà je verrai
Votre père par vos petits entouré
L'embrassant, l'appelant: pépé, pépé
Alors je me sentirai de joie comblée.
Je voudrais que vous soyez toujours unis
Claire image d'un amour infini
Que les autres en vous regardant aient envie
De faire de même ; de vivre ainsi.

A L'absent

Depuis que tu es parti
Tout a changé dans ma vie
Mes jours sont devenus des nuits
Mes joies des pleurs et des cris.

A qui parler de toi chéri
Toi que mon cœur a aimé à l'infini
Rares sont devenus les amis
Mon paradis est bel et bien détruit.

Neuf ans sont déjà passés
Ma douleur n'a toujours pas cessé
De raviver un beau passé
Dans mon cœur fort enlacé.

Scout

En pleine forêt, au cœur des bois
Le scout est là fier comme un roi
Plantant sa tente, attisant un feu
Dont les étincelles touchent les cieux
Portant dans son cœur un amour sincère
Flambeau éternel qui propage sa lumière.

Pour Maman

Qu'il est doux la nuit
De veiller sans bruit
Pour t'écrire des poèmes
Et crier des " Je t'aime".

Des " Je t'aime" différents des autres
Puisque ce sont les nôtres
Pleins de sincérité
Qui disent la vérité :
Nous t'aimons trop maman
Et t'offrons pour ta fête
Ce qu'il y a de meilleur

A Fouad
Pour Son Anniversaire

Comme j'aurai tant voulu
En ce jour trop attendu
Etre tout près de toi
Te serrer dans mes bras.

Oh mon enfant combien je t'aime
Toi la grande part de moi-même
Vivement que revienne le temps
De ton proche retour au Liban.

Ton absence pèse fort
Ton absence pèse lourd
Sur mes jours qui déclinent
Sans espoir de retour.

Te reverrai-je mon chéri
Avant que tes cheveux ne soient gris
Avant le coucher de mon soleil
Un beau matin, à mon réveil ?

C'est le moment auquel je rêve
Ma tristesse n'aura de trêve
Qu'au jour où tu seras là
Près de mon cœur, si près de moi.

Que cet anniversaire soit le meilleur
Qu'il t'apporte plein de bonheur
Sois heureux mon petit cœur
Que le sort t'exclue tout malheur.

Message

Si tu vois sur une branche
Une douce colombe blanche
Sache que je l'ai envoyée
Te porter un joli bouquet
De tendresse et de souvenirs
Espérant te pousser à revenir

Ecoute le vent qui chante
Regarde les belles plantes
Tu y trouveras cachée toujours
L'image de mon grand amour.

Quand tu entends siffler un train
Partant au fond de la nuit, très loin
Pareil à mon triste destin
Souviens-toi de mon amour sans fin.

A Fouad,

Pour Ses Vingt Huit Ans

Chair de ma chair,
Ame de mon âme
Dans ton regard il y a un blâme.
Tu aurais voulu être né
Sous l'étoile d'une bonne fée.

Espère le meilleur viendra
La malchance s'envolera
Joie et amour tu trouveras
Et la vie te sourira.

Alors ce sourire réfléchira
A jamais dans tes yeux verts
Tous les bonheurs de la terre
Qui rendront ton sort prospère.

Je demande au Maître de l'univers
De multiplier tes printemps verts,
De raviver le feu de tes hivers,
De te rendre le plus heureux sur terre.

A Mes Petits Cheris
A Huguette et Stéphane pour leur anniversaire

Pour vos treize ans petits chéris
Je vous souhaite une longue vie
Pleine de santé et sans ennuis
Calme tel le silence, belle comme la magie.

Ayez toujours un cœur d'enfant
Sincère, loyal et trop aimant.
A vos parents soyez reconnaissants
Offrez leur votre amour comme présent.

Je prie Dieu et tous ses saints
Pour qu'Ils réalisent tous vos desseins
A présent et tout le long de votre chemin
Que la chance soit toujours à portée de vos mains.

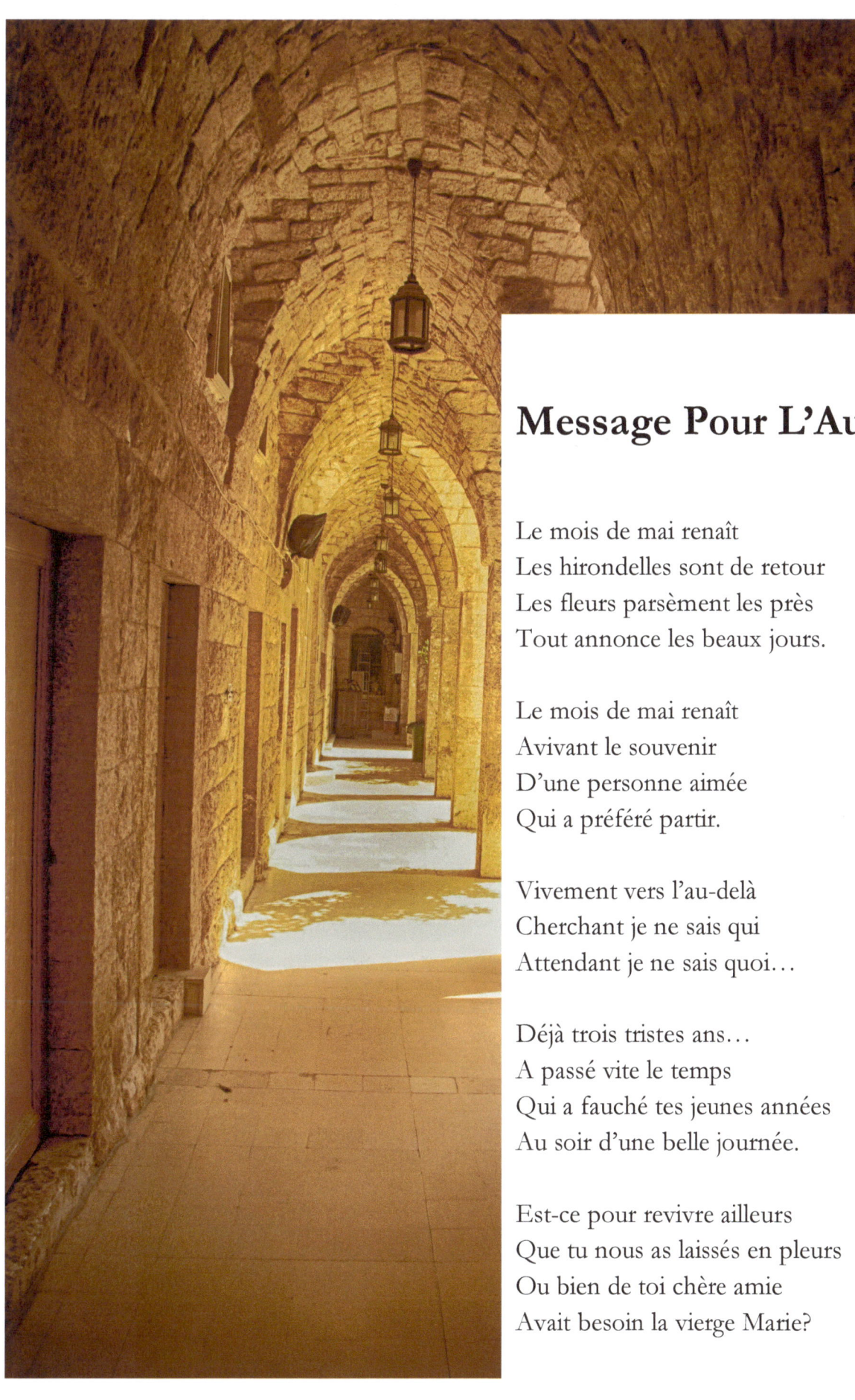

Message Pour L'Au-delà

Le mois de mai renaît
Les hirondelles sont de retour
Les fleurs parsèment les près
Tout annonce les beaux jours.

Le mois de mai renaît
Avivant le souvenir
D'une personne aimée
Qui a préféré partir.

Vivement vers l'au-delà
Cherchant je ne sais qui
Attendant je ne sais quoi…

Déjà trois tristes ans…
A passé vite le temps
Qui a fauché tes jeunes années
Au soir d'une belle journée.

Est-ce pour revivre ailleurs
Que tu nous as laissés en pleurs
Ou bien de toi chère amie
Avait besoin la vierge Marie?

Sanctuaire

Passe vite le temps
S'envolent nos vingt ans !
Où sont donc ces printemps
Pour nous trop ensorcelants.

Passe vite la vie
Source trop tôt tarie
Des larmes et des cris
Destin, arrête ! ça suffit.

Vers un autre Monde

Je suis triste à mourir
Rien ne peut me guérir
Quitter le port et partir
Est mon unique et seul désir.

Qui peut changer mon destin
M'apporter des joies en essaim
Voler une part de bonheur
La déposer dans mon cœur.

Le temps n'a pas pansé mes blessures
Il n'a pas effacé mes souvenirs
Lourd à porter est mon fardeau
Pourquoi n'ai-je que le mal pour cadeau?

Nul ne comprend ce que je ressens
Pourvu que passe vite le temps
Emportant mes jours et mes nuits
Vers un autre monde, une autre vie.

A Georges

Tu as eu tes vingt ans
En ce début de printemps
J'aurai aimé en ce moment
De l'horloge casser le cadran
Pour arrêter la fuite du temps
Et te garder toujours jeune mon enfant.

Jeune comme une rose
Tôt sous la rosée éclose
Jeune comme un amour
Né à l'aube d'un jour
Pour durer toute une vie
Sans peine sans mal sans mélancolie.

Du printemps sois l'hirondelle
Qui annonce la bonne nouvelle
Du retour des beaux jours
Où les oiseaux gais accourent
Pour chanter un hymne a l'amour.

Lâchement Abattu

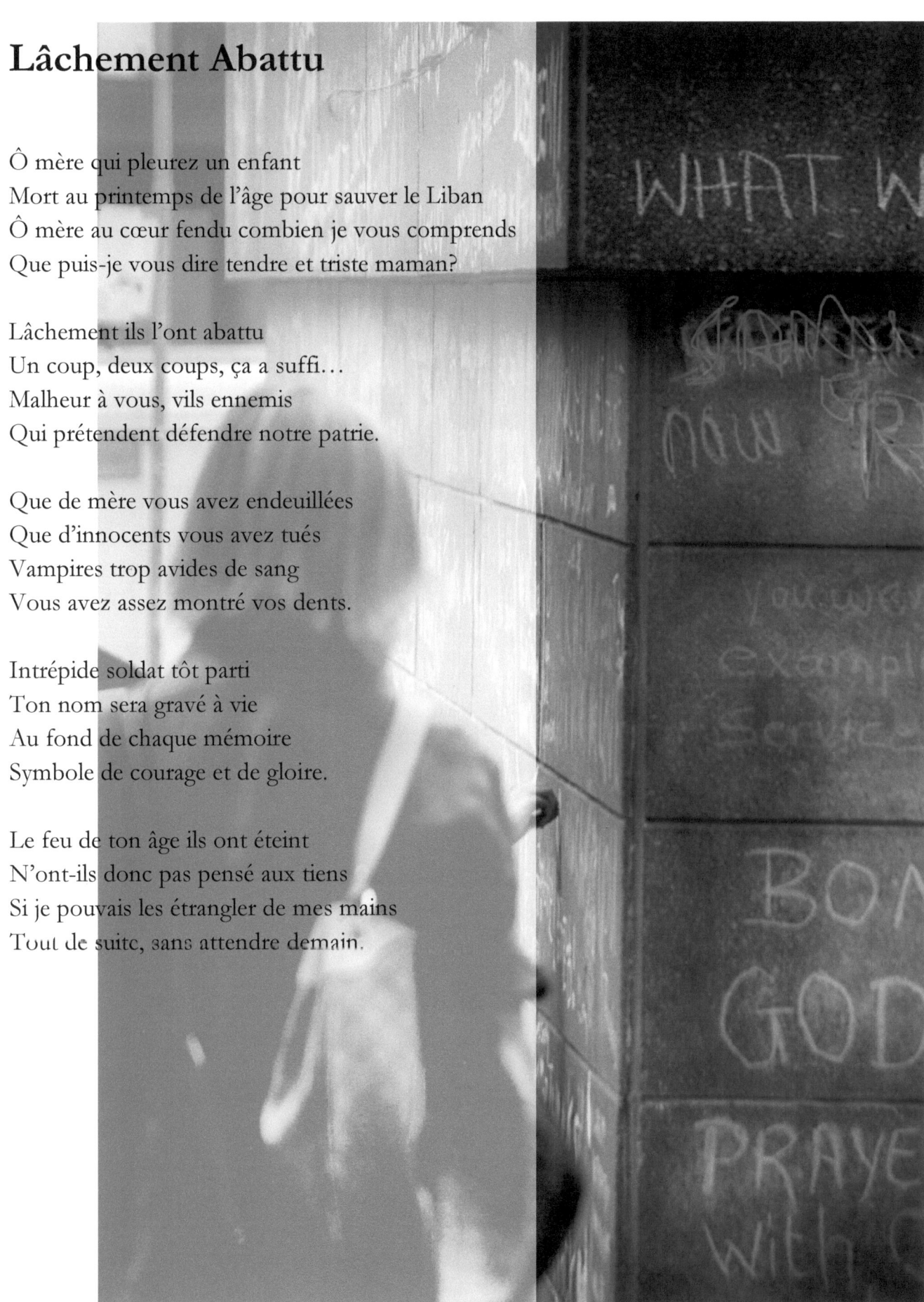

Ô mère qui pleurez un enfant
Mort au printemps de l'âge pour sauver le Liban
Ô mère au cœur fendu combien je vous comprends
Que puis-je vous dire tendre et triste maman?

Lâchement ils l'ont abattu
Un coup, deux coups, ça a suffi…
Malheur à vous, vils ennemis
Qui prétendent défendre notre patrie.

Que de mère vous avez endeuillées
Que d'innocents vous avez tués
Vampires trop avides de sang
Vous avez assez montré vos dents.

Intrépide soldat tôt parti
Ton nom sera gravé à vie
Au fond de chaque mémoire
Symbole de courage et de gloire.

Le feu de ton âge ils ont éteint
N'ont-ils donc pas pensé aux tiens
Si je pouvais les étrangler de mes mains
Tout de suite, sans attendre demain.

Paysage Magique

Qu'il est doux à regarder
Ces petits voiliers évadés
Sur le bleu de la mer
Rouges, jaunes, blancs, verts.

Spectres d'un autre monde
Surfant sur les vagues vagabondes
Dans la brume du soir
Aussi beaux que l'espoir
Paysage superbe et magique
Œuvre d'un peintre unique.

Amour Sincère

Il pleut, il neige, il vente
Dans mon cœur une tourmente
Sonne le glas de mes ans
Adieu mes amis, adieu mes enfants.

Je sens la fin arriver
Tenir ma main vers l'éternité
Je sens la fin arriver
A pas de loup pour nous séparer.

Vous m'avez donné beaucoup d'amour
Je vous ai fait un cadeau de retour
Une gerbe de bons sentiments
Un amour sincère pour le reste du temps.

Pour Ta fête

Dédié à Habib en l'occasion de la fête des pères

J'aimerai t'offrir pour ta fête
Un joli bouquet de pâquerettes
Pour que tu saches en l'effeuillant
Que je t'aime trop, que je t'aime tendrement.

Mon chéri tu me manques tant
Ma vie sans toi c'est l'hiver qui efface le printemps
Mon vœu le plus cher c'est que tu sois présent
Près de moi pour le reste de mes ans.

jusqu'à La lie

Boire la coupe jusqu'à la lie
Sacrifier tout, même l'envie
De te revoir une seule nuit.
Sur l'aile du jour qui s'enfuit
Vers d'autres lieux, d'autres patries
Je voudrais tant faire un voyage
Avec l'amour pour seul bagage
Te retrouver sur un rivage
Remplir mes yeux de ton image.
Et si tu me demandais un gage
T'offrir mon âme, t'offrir mon cœur
Te souhaiter plein de bonheur
Pour tout le temps qui te demeure
Que m'importe après si je meurs.

Les Flots

Ô mer que j'aime te regarder
Mes peines et mes ennuis te confier
Pleurer chaudement sur ton rivage
Y déposer les tracas de l'âge.

Trop lasse, je me jette dans ton eau
Tu caresses doucement ma peau
Pour toi je ne suis pas un lourd fardeau
Pour moi, tu es le meilleur berceau.

Mer sereine, bleue et calme
Tu as captivé mon coeur ,mon âme
Mer profonde aux mille secrets
Tu rends très beaux nos étés.

La barque qui repose sur l'eau
Que bercent doucement les flots
Attend impatiemment son marin
Qui l'amènera amoureusement au loin.

La danse des branches

Dansez, dansez petites branches
Enlacez-vous bougez les hanches
Étalez vos robes trop vertes
Cachez-y oiseaux et papillons
Ne les laissez pas partir bredouilles
Vers d'autres lieux y faire des fouilles
Trinquez, trinquez à la bonne santé
De tous les gens vraiment heureux
Dont les beaux rêves remplissent les yeux.

Comme des feuilles d'automne

Mon coeur tourbillonne
Comme des feuilles d'automne
Mon âme est lasse
Que faut-il que je fasse?
Les jours qui passent
Ne guérissent pas la plaie
Plaie que ne ferme aucune clé.

Souffrir n'est-il pas assez
La porte de la vie faut-il casser
Ô sort jamais vous ne vous lasser
De faire du mal et de blesser
Des gens innocents ,pas coupables
Quels sont tes arguments et tes soucis
Le mal, la méchanceté et rien de plus.

Fouad's English Poems

Nightmare

In my dream last night,
I was walking in a tunnel so tight.
Cautiously looking how to move,
Being a hero, it is not the time to prove.
I saw a gate made of gold,
The handle looked rusty and old.
I pushed the knob to open the door,
It made a sound and crumpled on the floor.
I pounded with one hand,
The metal is solid, I cannot bend.
Many times, I repeated the task,
For help, there is no one to ask.
The bangs were making an echo,
Like if someone is playing allegretto.
I was sweating, my heart beating fast,
And remembering my whole past.
I guess a miracle happened,
The gate suddenly opened.
Where strangers are thwarted,
The court, I slowly entered.
The place is empty like a holding cell,
No way to tell if it's heaven or hell.
I crashed on the ground,
Trying to catch any sound.
Hours have passed, maybe days,
I am still remembering my yesterdays.
Suddenly the roof opens, I saw the light,
I knew it is the end, no need to fight.
I heard a sound coming from far away,
It is 6am, in my bed I cannot stay.

The Moon Goddess

On a Greek island, she was born,
She is gentle like a rose with no thorn.
They called her the moon goddess,
Her smile shines like the sun not less.
If you tell me this not real,
I can assure you this not a dream to steal.
The legend might not be totally true,
The place of birth was hidden from people like you.
I saw her walking on the shore of Batroun,
Holding the hands of one sun and a moon.
Like her, you cannot find a dozen,
She is my cherished and lovely cousin.

Alone

I am sitting alone,
Wondering where everyone has gone.
They left me with my tears,
My heart pierced with many spears.
I am missing their smiles,
Now they are far thousand of miles.
I can hear their voices :
"This is your fate, you rolled the dices".
I am not a lucky gambler,
But I have faith, I won't surrender.
Someone I love is not away,
But this passion travels only one way.
This fire burning in my heart
Must stop, it is tearing me apart.
This person is a hopeless case,
I am tired, I cannot anymore chase.
I see rays coming into my room,
My guardian angel is pushing out the gloom.

God's Land

God needed a place to stay
Where flowers blossom earlier than may.
He searched all continents non-stop every day,
Asked his angels to scout each valley and bay.
They flew over oceans and travelled good days,
Felt all breezes and the sun rays.
The task was hard to achieve within days,
They were exhausted and eager for holidays.
From above they saw a colourful dot,
That seems a beautiful potential spot.
They dropped gently, the grass was frail,
It is unfair to leave a foreign trail.
They contacted the master, to tell him the story,
"A land was found and can be claimed for his glory".
The lord came to check the location,
He didn't remember, it was his creation.
He said : "This is the place to size,
From now on we call it paradise".
One day God felt lonely and got crazed,
He decided to make the angels amazed.
He created a new human race,
Invited them to share the place.
This clan's breed was not near to pure,
Their minds never become mature.
They were arrogant and filthy,
Often racist and flimsy.
They build quarries and cut trees,
Polluted all rivers and the seas.
By their action the supreme was troubled,
He looked very upset and grumbled :
"Open your doors, O Lebanon, That a fire may feed on your cedars."

Man Of The Cave

You called him the man of the cave
No doubt he was better than you and brave.
He believed in family bonds
Of his wife and kids, he was only fond.
He fought to provide them with food
Besides them, he always stood.
He was possessed by self-pride
He has never accepted a bribe.
From politicians, he was spared
Away from corruption, he stayed.
Learn from him to not betray
A Civilized nation you might become one day.

Birthday Wish

Nothing left on my tray
To offer you on this birthday.
All I can do is kneel and pray
Asking God "In good health, you stay,
Keep you shining to bright up my days.
Allowing me to travel one day,
Stay near you forever, if I may.
Walk with you in the garden allay,
Go watch the sunset on Bahsa bay."
My days will be no more grey,
Abundance will fill again my tray.

When I die

When I die I will become a bird and fly
Go up in the sky, watch the ones I left and cry.
If a tear drop falls on you, don't ask "why?"
You left a scar on my heart that made me fade and die.

Canada Day

On Canada day, all I can say,
I am so grateful to you and pray.
It doesn't matter on which God they relay,
People are welcomed to come and stay.
No one is dissipated after what colour are they,
Black, brown, yellow, white, straight or gay.

I had a dream

Yesterday I had a dream
In blue and white an angel, I have seen.
She held me tight and said : " to my chest come and lean"
I was scared, my chest was tight
I looked so pale and almost white.
She asked :" what's going on"
I replied : "in hell, I might burn from now on"
She was : "Hehe, I am a firefighter,
 I won't let the fire near you if you don't leave me after".
"Oh, are you a firefighter? You are a fire starter.
The flame is burning in my heart, as soon as this dream started".

The Old Man

The last day of the sunny season
I needed to leave for a reason.
I headed to the docks,
To join the migrating flocks.
I glanced up in the cloudy sky,
Saw a bird flopping hard to fly.
To be free and escape tyranny,
We have to strike vividly.
When I reached the coast,
I counted the years I have lost.
An old man sitting on a rock,
Trying to avoid any small talk.
He stared at me with empathy,
Like if he knew my destiny.
He spoke in a dull tone,
Told me the story of his own :
"I have a son same as you,
He crossed once the big blue.
He wanted to run from bloodshed,
Be one of the living, not the dead.
This happened a few years ago,
Till today no word from him though.
If you leave this land,
Don't forget your band.
Keep your bridges behind you,
Your mom will be always waiting for you".
I looked away at my city,
My heart was full of pity.
The place was quiet,
I don't deny it.
A dove was standing on the rock,
I realized, with my dad I had a talk.

The Journey

While the sun was setting down,
Nature topped the water with a gown.
Through the smog, I felt a ghost,
Moving softly toward my post.
Is it a demon from the sea?
Or a giant sailing tree?
I am scared and mesmerized,
By this soul, I might get seized.
When I heard the ringing bell,
I knew it is not coming from hell.
The ship just reached the bay,
Few hours and I will sail away.
I went to the lower deck,
Is anyone else here? I need to check.
The bodies swamped the orlop,
The refugees no one can stop.
They are not happy to leave their towns,
It is easy to tell from their frowns.
"Ready forward" the first mate dictated,
The vessel got agitated.
I asked about the next destination,
Is it a camp of extermination?
"It does not matter if you are not a Jew,
Your color orates if we will get rid of you."
It is not true that Nazis have gone,
Maybe Hitler became John.
Himmler changed his name,
He is now Mahdi, and he has fame.
We traveled for many days forthright,
We approached a ground where all is white.
…/…

…/…
Once the bosun moored the boat,
The captain asked the crew to vote :
"Who is the first person to trade
For wine and fur of selected grade?"
I was chosen by the crowd,
For this, until today I am proud.
The docker escorted me,
The way he deals with any deportee.
He met with the chief of the tribe,
Begged him for wool and a bribe.
The leader accepted me,
But a bribe didn't guarantee.
He asked the trafficker to run,
Life of thieves here is no fun.
The old man was partly right,
half of the journey was not bright.
I still remember his words,
I will live like birds.
The seasons lead my ride,
But the ones I love are never aside.

Article From Mojeh Magazine

Published in 2011

A Mothers Sonnet

As part of MOJEH'S ongoing series profiling inspirational women, Lebanese Poet Edma El-Khabbaz intimately shares with us the heartbreak suffered during the 1976-1990 Lebanese Civil War.

By **Edma El-Khabbaz**,
Translated by Edmond Bouclaous

It was 20 years ago. Fifteen years of war had already come to an end, but this morning, from the depths of my mind arose memories that I thought were forever dead. Did I forget that the dead can be resurrected? Of course not. Because our belief in resurrection motivates us, gives us the strength to continue our journey down here on earth with courage and determination. I still remember those difficult days when the war that spread over a large part of my homeland divided the people. It made our days nights, and our night's hell. Nothing but destruction. Nothing but the injured. Nothing but the displaced. Nothing but the dead.

My city, Batroun, was to the north and was fortunate to have been spared. There were only a few houses destroyed, and these had belonged to the militia who had left to combat on the frontline. The Batrounies, though very insecure, had been left to lead an almost normal life.

Beirut was the city most damaged and incidentally that's where most of my fellow citizens worked. My husband was one of the workers who left for Beirut early in the morning and returned home in the afternoon. He worked for a company at the port of Beirut, which was a very dangerous place on the demarcation line. At that time there were many snipers in that sector. They would have a field day shooting at cars, pedestrians and anyone else they saw...One day my own husband was one of the people they tried to kill. It was by mere chance that the bullets went through the roof of the car, leaving him unharmed. Fate had spared him. In the evening when he returned, pale and frightened, we knew that something bad had happened, and he recounted the incident to us. Our two children huddled in his arms and began to cry, asking him to never again go to Beirut. They were very attached to him and greatly feared losing a good, loving father who never denied them anything. I did my best to calm them down and assure them that their dad would no longer work in Beirut. That same evening, we finally decided as a family that my husband would give up his job and look for another one in Batroun. But it was impossible. What work would he find at a time of war in this small town?

After careful consideration we decided to open a cheese market as Batroun lacked one at the time. Luckily, one of my brothers-in-law helped and gave us some money to make the dream a reality. With a loan from the bank, we finally achieved our project, making this our first victory over misfortune.

But the troubles did not end there, and the situation worsened. The roads were almost cut off and bombs fell on the highway, which was our only way to get to Beirut. Like all of the other young students, our children had no choice but to join universities in Beirut and take the same highway where the bombs were exploding. Each time they left home my ordeal began. I would stay tuned in to the radio all day, waiting for the news flash in which they'd announce the names of those who had been wounded. I prayed and pleaded to all the saints to keep them safe. Whenever I heard the anchorwoman announce the names, my heart would start to beat harder in my chest. It would only calm when she returned to silence, without uttering the names of my children, and I could regain myself. Can one be so shamelessly selfish? When it comes to your loved ones you may very well be. There's no explanation. It's just human nature.

I cannot deny that my most atrocious memory is of the days spent at the American Hospital of Beirut where my husband underwent surgery for a hernia. A young doctor (who also happened to be a good family friend) worked there and was able to take us along with him. He did his best to watch over us and placed my husband in the care of a trusted colleague. I will never forget what he did for us. We arrived in the morning, a time when – apart from the sound of the occasional gunshot – the city was almost calm. But the night was very rough. Hundreds of grenades fell on the capital. The roar of the bombardment was heard all over the city and made people crazy with fear. The sirens would continuously whistle and began to sound like the hymn for death. Rescuers brought in the wounded and dead.

I cannot begin to tell you how I felt that night. Hatred and disgust towards those who cause war and compassion and pity for the poor Lebanese who killed each other without knowing why. The horrendous screams I heard made me momentarily forget my dear husband and his pain. I wept bitterly. I was devastated, exhausted by so much violence, so much adversity and so much hatred. How can a man turn into such a ferocious beast? My poor Lebanon, what was your crime? You, Eden on Earth, have become hell! You, land of elation and hospitality, land of a thousand and one nights, have become a battlefield, a land of disaster and ruin.

A few days later, we were told we could go back home. But returning was impossible, for the war was in full swing. All the roads leading to Batroun were cut off. In the hospital lounge I had heard someone saying that there were flights from the airport heading north, so I

"Do not let pass within range of your love, nor a single face, nor a single glance without giving what you alone, maybe, could offer as a present. A word, a smile, an open door. This is enough sometimes. To Help certainly, to love especially," Gilbert Cesbron

contacted some friends living in that area of the city and they bought us tickets. We finally made it home, where our family had been waiting impatiently. It was the first and only time in my life that I took a plane for a mere forty kilometres.

And life went on. I resumed my work at the nearby school where I had been teaching. I was happy to once again see my students, who I loved as my own. They were always at risk of danger, and I think that was why I felt so attached and protective of them. I wished I had a magic wand to protect them. I've not yet told you this story, but one day two of my beloved students came across a 'toy' whilst walking to school. They picked it up. Alas, it was an explosive. One of them instantly met with his death, and the other lost an arm. The fear and the anxiety felt by everyone was beyond description. Parents rushed to collect their children thinking they could protect them from the danger. Drowned in grief, the school closed its doors for two days.

This particular accident and all of the other misfortunes did not prevent me from carrying on my volunteer work. As a member of the St. Vincent de Paul organization, I was in charge of a needy family. I also visited the displaced people of Akkar (in the north) who had settled in Batroun. During a time of war, the slightest gesture of friendship, kindness or love can strengthen the weak, give courage to the fearful and even soften the hardest of hearts.

In these moments of sadness I like to repeat to myself the words of French writer Gilbert Cesbron:
"Do not let pass within range of your love, not a single face, nor a single glance, without giving what you alone, maybe, could offer as a present. A word, a smile, an open door. This is enough sometimes. To help certainly, to love especially."

Edma's website: www.gerbe.org

Ma patrie
Du vent, la caresse
De l'âge la jeunesse
Du bonheur l'ivresse
De l'amour la tendresse
L'éternel printemps
C'est toi mon Liban !
La source qui vagabonde
Le fleuve qui gronde
L'yeuse et le sapin
Le genêt et le thym
Les sommets tout blancs
Les chants des enfants
L'amour des mamans
C'est toi mon Liban !
Les vallées profondes
Les cascades qui tombent
La mer si bleue
La force du feu
Le ciel si clair
La beauté de la terre
L'amour infini
C'est toi ma patrie.